Moezel

Uitgeverij ANWB

Inhoud

Het belangrijkste eerst
blz. 4

Dit is de Moezel
blz. 6

De Moezel in cijfers
blz. 8

Eten en drinken
blz. 10

 # Het kompas van de Moezel
15 manieren om je onder te dompelen in de streek
blz. 12

Koblenz en de Beneden-Moezel
blz. 15

Koblenz blz. 16

 Nieuw centrum – **Koblenz na de BUGA**
blz. 18

Winningen blz. 24

Kobern-Gondorf blz. 25

 Middeleeuws sprookje – **Burg Eltz**
blz. 26

Treis-Karden blz. 28

Cochem blz. 30

 In de onderwereld – **de Bundesbank-Bunker Cochem**
blz. 34

Beilstein blz. 36

Ediger-Eller blz. 37

 Pure nostalgie – **koffiemolens in Beilstein**
blz. 38

Zell blz. 41

Pünderich blz. 43

De Midden-Moezel
blz. 45

Enkirch blz. 46

Traben-Trarbach blz. 46

 Een plek van rust – **het Buddha-Museum Traben-Trarbach**
blz. 50

Kröv blz. 53

Ürzig blz. 54

Bernkastel-Kues blz. 55

 Grote geest – **in het spoor van Nicolaas van Cusa**
blz. 58

Neumagen-Dhron blz. 63

 Mens en machine – **Industriedenkmal Jakob Bengel**
blz. 64

Terug naar de oudheid – **het Romeinse schip in Neumagen-Dhron**
blz. 66

Trittenheim blz. 68

Trier en de Boven-Moezel
blz. 71

Trier blz. 72

 Revolutie en geraniums – **Karl Marx in Trier**
blz. 76

Konz blz. 81

 Jonge oude stad – **onderweg in Echternach**
blz. 82

Nittel blz. 85

Het drielandenpunt
blz. 87

Palzem blz. 88

Perl blz. 88

 Heerlijk wandelen – **de Moselsteig**
blz. 90

 Waar de Europese geest springlevend is – **Schengen**
blz. 92

Luxemburg-Stad blz. 94

Saarburg blz. 99

 Tring, tring! – **Met de Saartalbahn door Saarburg**
blz. 100

 Vogelperspectief – **Baumwipfelpfad Saarschleife**
blz. 104

 270 jaar tafelcultuur – **te gast bij Villeroy & Boch**
blz. 106

Reisinformatie
blz. 108

Hoe zegt u?
blz. 114

Register
blz. 115

Fotoverantwoording
blz. 126

Colofon
blz. 127

Herinner je je deze nog?
blz. 128

Het belangrijkste eerst

Zum Wohl!
De steilste wijnberg ter wereld, het oudste wijnbouwgebied van Duitsland, de duurste wijngaard – superlatieven zijn er wel over de Moezel. En nu kurk eruit en inschenken maar om erachter te komen wat je zelf van de moezelwijn vindt.

Overlevingsstrijd
Dertig jaar geleden waren de Duitsers verslaafd aan de serie *Moselbrück* met onder anderen wijnboerin Hanna Zerfass en haar zwager Ludwig. De dialogen en de kapsels doen vandaag de dag wonderlijk aan, maar het thema is nog altijd actueel: de strijd van een wijnboerderij om te overleven in een moeilijke markt.

Platte perzik
Als je bij het ontbijt jam van wijngaardperziken krijgt, 's avonds als dessert ijs van wijngaardperziken en als digestief een brandewijn van wijngaardperziken, dan weet je dat je aan de Moezel bent beland. Deze platte vrucht, die alleen hier groeit, maakt momenteel een renaissance door – en hij is nog lekker ook.

Op de boerderij
Natuurlijk kun je in een hotel overnachten – de keus is nagenoeg onbeperkt. Maar wie prijs stelt op een persoonlijkere benadering boekt een kamer of appartement in een van de vele wijnboerderijen. Met een beetje geluk krijg je een inkijkje in het leven van de wijnboeren aan de Moezel. En kun je ook nog deelnemen aan een wijnproeverij.

De Moezel literair
In zijn prachtige roman **Die Moselreise** uit 2010 doet Hanns-Josef Ortheil de trip van Koblenz naar Trier die hij als 11-jarige met zijn vader maakte nog eens over. Al rond het jaar 371 prees de Romeinse dichter Ausonius de schoonheid van de rivier. Zijn **Mosella** wordt regelmatig aangehaald.

Het belangrijkste eerst

Mannen in het vrouwendomein
De Moezel gaat niet met zijn tijd mee? Echt wel! Al in 1999 koos het rustige Trittenheim (▶ blz. 68) de Afrikaanse monarch Céphas Bansah uit Ludwigshafen tot wijnkoning. En het wijndorpje Kesten (🕮 F 4/5) werd in 2017-2018 vertegenwoordigd door Sven Finke alias 'Bacchus', een student in de rechten.

Pure romantiek
Die kleuren! Dat licht! De schilderijen van de romantische Britse landschapschilder William Turner, die telkens weer terugkeerde naar de Moezel, zijn een lust voor het oog. Zijn lievelingsmotief was het stadje Cochem (▶ blz. 30). De meeste van zijn werken hangen in het Londense Tate Britain. Maar dat is voor een volgende keer...

Zweven boven Koblenz
Eén attractie van de BUGA 2011 in Koblenz blijft tot 2026 behouden: de kabelbaan, die je over de Rijn naar de vesting Ehrenbreitstein brengt (▶ blz. 16). Na een tochtje van zeven minuten kun je gaan wandelen, een hapje gaan eten, een bezoek brengen aan het Landesmuseum of inchecken bij de jeugdherberg.

De laatste nieuwtjes
Plaatsen die nog een eigen bakkerij hebben, mogen zich gelukkig prijzen. Op de eerste plaats natuurlijk vanwege het verse brood en banket. Maar ik ga daar ook graag een koffietje drinken om te horen wat er zoal gebeurd is in de afgelopen tijd. En wat de nabije toekomst gaat brengen.

Regelmatig laat ik de Pfalz achter me om een bezoek te brengen aan de mooie Moezel. Het liefst afwisselend aan de levendige binnenstad van Trier en aan rustige plaatsjes. Ik ga niet meer alleen naar *Straußwirtschaften* en musea, maar steeds vaker ook met mijn twee kinderen naar een speelterrein, een dierenpark of een zwembad.

Vragen? Ideeën?
Laat het me weten! Mijn adres bij de ANWB:

 anwbmedia@anwb.nl

Dit is de Moezel

Dat ene moment vind ik altijd weer heel bijzonder: wanneer ik na een lange rit door de bossen van de Hunsrück en na het bedwingen van tal van bochten richting dal rijd en de vredig stromende, glinsterende rivier zich aan me openbaart. De Moezel, al duizenden jaren beantwoordt ze aan verlangens van romantici, rustzoekers en genieters.

De mix doet het hem

Wat definieert de Moezel? De sprookjesachtige burchten en kastelen? De mooi langs de bochten gedrapeerde dorpen? De druiven, die de Romeinen hier al tweeduizend jaar geleden naartoe brachten omdat ze inzagen dat de bodem, de steile hellingen en de klimatologische omstandigheden heel bijzondere wijn zouden opleveren? Of zijn het de mensen met hun heel eigen mentaliteit: in eerste instantie een beetje gesloten, maar in tweede heel open en geïnteresseerd in anderen. Wat de Moezel definieert, is de mix van dat allemaal.

Het imago wordt opgepoetst

In de strijd tegen het slechte imago heeft de Moezel in de afgelopen jaren weliswaar punten gescoord, maar helemaal gezegevierd heeft het gebied nog niet. De clichés van de zoete moezelwijn, van Cochem en Bernkastel-Kues als bestemmingen van luidruchtige kegelclubs die zich te buiten gaan aan drank en van ouderwetse restaurants waar zonder blikken of blozen zoute stengels als decoratie op de rand van je bord worden gelegd, zijn hardnekkig. Dat laatste zou je beslist nog wel eens ergens kunnen gebeuren, maar de inspanningen van wijnboeren en chef-koks om het anders te doen, frisser en moderner, hebben de overhand. Topwijnen en toprestaurants zijn inmiddels overal langs de Moezel te vinden. Zonder lang te hoeven zoeken.

Succesnummers

De Moezel bestaat van zijn veelzijdigheid. Op de oever liggen de grote studentensteden Trier en Koblenz, maar ook ontelbare kleine plaatsjes. Over een afstand van 36 km vormt de Moezel de grens tussen Luxemburg en Duitsland, en bovendien verbindt de rivier Frankrijk met Duitsland. Maar natuurlijk mogen een paar hoogtepunten niet onvermeld blijven. Op de eerste plaats is daar de altijd weer indrukwekkende Porta Nigra in Trier – een herinnering aan de tijd van de Romeinen. Ook andere tijdperken hebben zo hun sporen achtergelaten, zoals de vesting Ehrenbreitstein in Koblenz en de burchten Eltz, Pyrmont en Cochem. En de plaatsen Beilstein en Ediger-Eller lijken zo uit een prentenboek te zijn weggelopen.

Steeds weer iets nieuws

Een weekje vakantie zal doorgaans net voldoende zijn om een globaal overzicht van het Moezelgebied te krijgen. In Trier lonken de Konstan-

Dit is de Moezel

Je zoontje in de rugzak en hup de natuur in!

tinbasilika, de dom en het Karl-Marx-Haus, in Koblenz de Deutsches Eck en het Kurfürstliches Schloss, in Traben-Trarbach het Buddha-Museum, in Bernkastel-Kues de vakwerkhuizen aan het marktplein, in Saarburg de waterval... En er komen nog regelmatig nieuwe attracties bij. Bernkastel-Kues heeft nog niet zo lang geleden een oldtimermuseum gekregen, de Saarschleife een boomtoppenpad, en in Cochem is de Bundesbank-Bunker voor publiek geopend – een absolute insidertip, beslist de moeite waard!

Te voet, op de fiets, met de boot

Wie langs de Moezel reist, heeft het vervoermiddel van zijn of haar keuze voor het uitzoeken. Met de auto kun je zo veel mogelijk plaatsen bezoeken, maar om die echt te leren kennen moet je het voertuig wel langs de oever parkeren en een wandeling gaan maken. Het Moezelgebied is haast ideaal voor fietstochten: vlakke wegen, vrijwel altijd langs de oever, en een uitstekend netwerk van fietspaden. De Moselsteig biedt wandelaars al enkele jaren een meermaals gelauwerd langeafstandswandelpad met 24 etappes van verschillende moeilijkheidsgraad. Of wat te denken van een reisje met de boot van Koblenz naar de Boven-Moezel? Vanaf de rivier heb je een heel ander perspectief dan vanaf de oever en dat geldt ook voor de stoeltjeslift in Cochem of Saarburg en de kabelbaan in Koblenz.

Zinnenstrelend

Hoe je de dag ook hebt doorgebracht – met cultuur of met winkelen, heel actief of rustig slenterend –, het mooiste moment staat je op de avond te wachten. Dan wordt er een mooi gerecht voor je neergezet en een glas van de beste moezelriesling geserveerd. Eet smakelijk, proost en natuurlijk: fijne vakantie!

De Moezel in cijfers

0,25
liter wijn – dat heet hier een *Schoppen*. Elders in Duitsland is een *Schoppen* soms wel twee keer zo groot.

3
landen liggen aan de Moezel: Duitsland, Frankrijk en Luxemburg. De Duitsers noemen de rivier Mosel, de Fransen Moselle en de Luxemburgers Musel.

7
leerlingen telde de basisschool van Klotten tot de sluiting in de zomer van 2017. Het was de kleinste school in Rheinland-Pfalz.

14
Moezelkrimi's heeft Mischa Martini tot nog toe gepubliceerd.

15
vissoorten noemt Ausonius in zijn beroemde gedicht *Mosella*, dat over de Moezel gaat.

16
v.Chr. hebben de Romeinen Augusta Treverorum gesticht. Daarmee is Trier de oudste stad van Duitsland – en niet alleen volgens de stedelingen zelf.

19
GaultMillaupunten en drie Michelinsterren heeft restaurant Victor's Fine Dining in Perl.

22
miljoen euro heeft de verbouwing van Schloss Lieser tot luxehotel gekost.

32
°C is het thermale water in Bad Bertrich – een ideale temperatuur voor een duik. Het water uit de hete bronnen in Aken is ruim 70 °C.

365
km lang is de Moselsteig. De Eifelsteig meet 313 km, de Rheinsteig 320 km en de Saar-Hunsrück-Steig 410 km.

380,6
m is de Calmont op zijn hoogst. De helling is tot wel 68° en daarmee is dit de steilste wijnberg van Europa.

7200
steenblokken zijn er gebruikt voor de Porta Nigra in Trier.

8529
ha wijngaarden had het Moezelgebied in 2013. In 1990 was dat nog 12.304 ha.

544
km lang is de Moezel van de bron in de Vogezen tot de monding in de Rijn bij Koblenz. Daarmee is de rivier na de Maas de langste zijrivier van de Rijn.

6500
ambachtslieden en dagloners hebben de vesting Ehrenbreitstein in Koblenz gebouwd.

483.000.000
euro kost de aanleg van de Hochmoselbrücke.

Eten en drinken

Een mooie dag aan de Moezel is niet denkbaar zonder iets lekkers op je bord en in je glas. Duizenden wijnboerderijen, *Straußwirtschaften*, terrassen, restaurants en niet in de laatste plaats wijn- en straatfeesten dingen met voedzame specialiteiten en goede wijn, op de eerste plaats riesling, om de gunst van de gasten. Regionaal is daarbij troef.

De Moezelkeuken

Dibbelabbes of *Schaales* met appelmoes, *Flieten*, *Gräwes* – regionale specialiteiten uit het Moezelgebied zijn op veel menukaarten te vinden. Afgezien van hun grappige namen hebben ze twee dingen gemeen: ze zijn voedzaam en komen meestal in grote porties op tafel. Vlees en aardappels zijn belangrijke ingrediënten. *Dibbelabbes* is een aardappelovenschotel waarvan verschillende varianten bestaan, zoals in het Saarland met de populaire Lyoner (een worstsoort). Onder *Flieten* wordt in de regio Trier gebraden hanenvleugels verstaan en achter *Gräwes* (in Trier: *Kappes Teerdisch*) gaat zuurkool met aardappelpuree en meestal ook varkenspoot schuil. Zo zou je nog wel even door kunnen gaan: in Koblenz zijn ze gek op *Rheinischer Sauerbraten* met rozijnen, langs de centrale Moezel op *Tresterfleisch* (in wijn en droesem gemarineerd varkensvlees). Voor culinaire verrassingen wordt dus gezorgd.

Vers uit de rivier

Ook wat voor de deur zwemt, vindt gretig aftrek – en als de vissen dan al niet uit de rivier komen, dan op zijn minst uit een kwekerij die water uit de Moezel gebruikt. In de omgeving van Bernkastel-Kues krijg je *Muselfisch* – gebraden of gefrituurde vis uit de Moezel, meestal

---

DE MOEZEL IN JE GLAS

Sinds 2006 dragen de wijnen van de Moezel, de Saar en de Ruwer alleen nog maar etiketten met de aanduiding 'Mosel' vanwege de betere internationale vermarktbaarheid. In de rivierdalen wordt al eeuwenlang wijnbouw bedreven – en in elk dorp heeft de wijncultuur zijn sporen achtergelaten. Voor veel wijnboeren aan de Moezel is het bebouwen van de extreem steile hellingen een moeizame klus die met de hand moet gebeuren. De Calmont in Bremm is met een helling tot wel 68° de steilste wijnberg van Europa. Nog een superlatief: de wijngaard van de Bernkasteler Doctor is een van de duurste en beroemdste ter wereld.

De leisteenbodem langs de Beneden- en Midden-Moezel is ideaal voor de teelt van de **riesling**, de met ruim 60 % onbetwiste nummer één van de hier verbouwde druiven, die maar zelden heel droge wijnen opleveren. De schelpkalk langs de Boven-Moezel is favoriet bij de **elbling**. **Rode wijn** speelt nog altijd een ondergeschikte rol. Wie geen zin heeft in wijn, zou eens *Apfelsaftschorle* (appelsap met koolzuurhoudend water) kunnen proberen. Met name in Trier en omgeving komt **viez** op tafel, een rinse – ja, wat eigenlijk? Appelwijn? Most? Geen van beiden. Gewoon viez.

Eten en drinken

een voorn. Een (vette) delicatesse, die je niet te vaak moet eten, is gerookte Moezelpaling. Moezelsnoekbaars wordt tegenwoordig maar zelden gevangen.

Wie te laat komt ...
In veel plaatsen aan de Moezel spannen restauranthouders zich met succes in om een modernere ambiance te creëren, maar één ding zal waarschijnlijk niet zo snel veranderen: buiten de grote steden Trier en Koblenz zul je vanaf 21.30 uur moeite hebben om nog een hapje te kunnen eten. Zelfs in de toeristenbolwerken Traben-Trarbach, Cochem en Bernkastel-Kues gaat in veel restaurants de keuken bijtijds dicht – waarbij uitzonderingen de regel bevestigen. Te vroeg komen is ook weer niet goed: veel restaurants zijn van 14.30 tot 17 uur gesloten.

De wijngaardperzik
Een heel bijzondere vrucht maakt sinds enkele jaren een renaissance door aan de Moezel: de haast vergeten wijngaardperzik wordt tegenwoordig weer op de hellingen van ontmantelde wijngaarden aangeplant. De platte en harige vrucht kan rauw worden gegeten, maar nog smakelijker is hij in de vorm van jam of likeur (die samen met sekt als 'kir Moselle' wordt geserveerd). In het Moezelgebied wordt ook azijn, brandewijn, *secco* en zelfs mosterd en mierikswortel van wijngaardperziken verkocht.

ROMEINEN

De Romeinen hebben tweeduizend jaar geleden niet alleen de wijnbouw naar de Moezel gebracht, maar ook bijzondere gerechten. In sommige restaurants wordt nog altijd (of weer) volgens antieke recepten van de Romeinse kookboekauteur Apicius gekookt, zoals bij Zum Domstein in Trier en Taverne Römische Villa Borg in Perl.

DIBBELABBES/SCHAALES

Er zijn waarschijnlijk evenveel recepten als keukens aan de Moezel. Dit is een recept voor *Schaales*.

Ingrediënten voor twee personen:
600 g aardappels
80 g spek
1 ei
1 ui
1 prei
peterselie
majoraan
peper
zout
nootmuskaat
olie

Bereiding
Aardappels schillen, raspen en in een schone doek goed droogwrijven. Spek, ui en prei kleinsnijden. Olie verhitten in een braadpan en het spek uitbakken. Prei en de helft van de ui toevoegen, kort meebakken en apart zetten. Peterselie en majoraan fijnsnijden. Vervolgens de rest van de ui, het ei, de kruiden en het spekmengsel met de aardappels mengen. Breng op smaak met nootmuskaat, peper en zout. Een beetje olie verhitten in een pan en het mengsel daarin kort aanbraden. Aansluitend in een ovenschaal scheppen en gedurende 1,5 uur in een op 200 graden voorverwarmde oven zetten. Serveer met appelmoes of groene salade.

Het kompas van de Moezel

#2
Middeleeuws sprookje – **Burg Eltz**

#3
In de onderwereld – **de Bundesbank-Bunker Cochem**

#1
Nieuw centrum – **Koblenz na de BUGA**

Gewoon mooi

HÈ, WAS DAT HIER?

-- BEDANKT VOOR DE BLOEMEN --

WAAR BEGIN IK?

GEEN BROKKEN MAKEN!

#15
270 jaar tafelcultuur – **op bezoek bij Villeroy & Boch**

-- De boom in --

De andere kant van waterval

#14
Vogelperspectief – **Baumwipfelpfad Saarschleife**

Symbool
voor **open** grenzen

#13
Tring, tring! – **met de Saartalbahn door Saarburg**

#12
Waar de Europese geest springlevend is – **Schengen**

15 manieren om je onder te dompelen in de streek

#4
Pure nostalgie – **koffiemolens in Beilstein**

#5
Een plek van rust – **het Buddha-Museum Traben-Trarbach**

Koffiedrinker en verzamelaar
– THERAVADA, MAHAYANA, VAJRAYANA –

#6
Grote geest – **in het spoor van Nicolaas van Cusa**

Nicolaas was een goede man

STRUCTUURVERANDERING
VAN MODEWOORD TOT MODESIERAAD

#7
Mens en machine – **Industriedenkmal Jakob Bengel**

Bella Stella

#8
Terug naar de oudheid – **het Romeinse schip in Neumagen-Dhron**

De eerste marxist

TWEE STAPPEN VOORUIT EN EENTJE TERUG

LOPEN, KIJKEN, ONTSPANNEN ...

#9
Revolutie en geraniums – **Karl Marx in Trier**

#11
Heerlijk wandelen – **de Moselsteig**

#10
Jonge oude stad – **onderweg in Echternach**

Koblenz en de Beneden-Moezel

De hoog boven de stad Koblenz uittorenende vesting Ehrenbreitstein biedt een spectaculair uitzicht op de Deutsches Eck, de plek waar de Moezel en de Rijn elkaar ontmoeten. Vanaf hier kun je al zien dat wie stroomopwaarts reist een uniek landschap van smalle rivierdalen en zeeën van wijnstokken op steile hellingen te wachten staat. Betoverende plaatsen als Bremm liggen hier langs de bochten van de Beneden-Moezel, die ook wel Terrassenmoezel wordt genoemd.

Koblenz

J/K 1, plattegrond ▶ blz. 2120-21

Lang, heel lang heeft Koblenz het imago van een brave soldaten- en ambtenarenstad gehad, maar in de afgelopen jaren is er veel gebeurd. Tegelijk met stedenbouwkundige veranderingen, waarvoor onder andere de Bundesgartenschau (BUGA, een soort Floriade) in 2011 de beslissende impuls gaf, is de stad op een wonderlijke manier jonger en cooler geworden. Nog altijd is Koblenz de grootste garnizoensstad van Duitsland en de zetel van veel overheidsinstanties, maar nu ook studenten-, cultuur-, winkel- en uitgaansstad. En in de omgeving liggen prachtige rivierdalen, burchten, kastelen en bossen.

BEZIENSWAARDIGHEDEN

De vesting veroveren

Wie maar een halve dag in Koblenz heeft, zou die moeten doorbrengen in de **vesting Ehrenbreitstein** . Er is hier zo veel te ontdekken en te beleven. In de 118 m boven de Rijn gelegen vesting, een van de grootste van Europa, vind je het **Landesmuseum Koblenz** 2 met vier expositieruimten, de (heel moderne) jeugdherberg, een speelplaats, restaurants en twaalf over het terrein verspreide stadia uit de geschiedenis van de vesting, die je via een audioguide of tijdens een rondleiding kunt leren kennen. De in de huidige vorm tussen 1817 en 1828 gebouwde vesting is regelmatig het decor van culturele en culinaire evenementen. En niet in de laatste plaats heb je vanaf het bovenste plein een fantastisch uitzicht op de Deutsches Eck.

Greiffenklaustr., festungehrenbreitstein.de, tel. 0261 66 75 40 00, dag. apr.-okt. 10-18, nov.-mrt. 10-17 uur (tot 24 uur vrij toegang tot het terrein en de restaurants), € 7, scholieren/studenten € 4,50, kinderen € 3,50, gezinskaart vanaf € 8,50

> **B BEDRIEGLIJK**
>
> Je zou kunnen denken dat de naam **'Deutsches Eck'** uit de koker van de nationaalsocialisten is gekomen, maar het punt waar de Moezel en de Rijn elkaar ontmoeten heet al eeuwen zo. De geschiedenis ervan gaat terug tot het jaar 1216, toen de aartsbisschop de ridders van de Duitse Orde in Koblenz ontbood.

Boven de Rijn zweven

Als je vanuit de vesting Ehrenbreitstein naar de binnenstad van Koblenz wilt, zijn er drie mogelijkheden – oké, vier als je beslist een wandeling wilt maken, maar dan kom je in eerste instantie wel bij de 'verkeerde' Rijnoever uit. Het onaantrekkelijkst en stressvolst is een autorit. Mogelijkheid twee is de *Schrägaufzug* (een kabeltreintje met één cabine), waarvan het dalstation echter eveneens ver weg van de binnenstad ligt. Zonder twijfel het mooist is de tocht met de **kabelbaan**. Met dank aan de UNESCO is dat tot 2026 mogelijk zonder dat het 'Kulturlandschaft Oberes Mittelrheintal' zijn status als Werelderfgoed in gevaar brengt. De tocht in de panoramagondel duurt ongeveer zeven minuten en is adembenemend.

Bergstation: Greiffenklaustr., dalstation: Konrad-Adenauer-Ufer, tel. 0261 20 16 58 50, www.seilbahn-koblenz.de, enkeltje € 7,20, retourtje € 9,90

Via de Rijnpromenade naar de stad

Terug naar de **Deutsches Eck** en de samenvloeiing van de Moezel en de Rijn. Het reusachtige **ruiterstandbeeld** 3 van keizer Wilhelm I stond hier van 1897 tot 1945 en na een fel debat sinds 1993 opnieuw. Wandelaars hebben nu de keus: de Peter-Altmeier-Ufer langs de Moezel of de Konrad-Adenauer-Ufer langs de Rijn. Richting binnenstad loopt de mooiste route via de in de 19e eeuw aangelegde **Rheinanlagen** 4. Ter gelegenheid van de Bundesgartenschau in 2011 zijn ze aanzienlijk verfraaid. Auto's zijn van de promenade verbannen en nieuwe etablissementen hebben hun deuren geopend. En het **Kurfürstliches Schloss** 5, waar verschillende federale instanties zetelen, is beter toegankelijk gemaakt. Het gebouw zelf kan niet worden bezichtigd, maar het park van het kasteel is prachtig!

MUSEA

Grenzeloos
De permanente tentoonstelling van het **Mittelrhein-Museum** beslaat een breed spectrum, van middeleeuwse sculpturen tot hedendaagse schilderijen. Sinds 2013 is de kunstverzameling ondergebracht in het **Forum Confluentes** 6, op een oppervlakte van bijna 2000 m². Zwaartepunten van de collectie zijn naast schilderijen uit alle kunsthistorisch interessante tijdperken ook grafische werken – vooral over de thema's reizen en Midden-Rijn –, werken van hout, steen en metaal, munten en alledaagse gebruiksvoorwerpen. De tijdelijke tentoonstellingen tarten de grenzen van de conventionele opvattingen over kunst.
Forum Confluentes, Zentralplatz 1, tel. 0261 129 25 20, www.mittelrhein-museum.de, di.-zo. 10-18 uur, € 6 (€ 10 voor permanente en tijdelijke tentoonstelling), scholieren/studenten/senioren € 4/7, gezinskaart € 10/16

Kunst uit de hele wereld
Industrieel en mecenas Peter Ludwig (1925-1996) heeft wereldwijd 19 musea gesticht voor zijn kunstverzameling. In het Deutschherrenhaus in Koblenz is in 1992 het **Ludwig Museum** 7 ondergebracht. De nadruk ligt op Franse kunst uit de 20e eeuw. Er zijn regelmatig tijdelijke tentoonstellingen, die onder andere gewijd zijn aan schilderkunst, beeldhouwkunst, fotografie en architectuur.
Danziger Freiheit 1 (aan de Deutsches Eck), tel. 0261 304 04 12, www.ludwigmuseum.org, di.-za. 10.30-17, zo. 11-18 uur, € 5, scholieren/studenten/senioren € 3, gezinskaart € 8

Voor liefhebbers van treinen
DB Museum 8
Dit filiaal van het Neurenbergse DB Museum is ondergebracht in de revisiewerkplaats in de wijk Lützel. Behalve circa veertig historische locomotieven en vijftig reizigers- en goederenwagons vind je hier een tentoonstelling over het thema treinreizen in al zijn (technische)

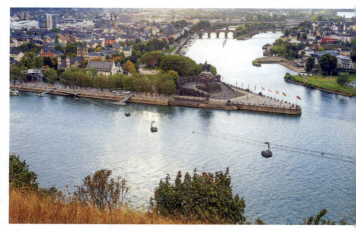

Wie geen hoogtevrees heeft, zou beslist een keer de kabelbaan moeten nemen die de binnenstad van Koblenz over de Rijn met de vesting Ehrenbreitstein verbindt. Met 16 km/u is er genoeg tijd om van het uitzicht te genieten.

Nieuw centrum – Koblenz na de BUGA

De bloemen bloeien al lang niet meer, maar de Bundesgartenschau (BUGA, zie blz. 16) van 2011 is in Koblenz nog alomtegenwoordig. Behalve de kabelbaan heeft deze de stad aan de Rijn en de Moezel een enorme impuls in zijn ontwikkeling bezorgd. Dat is vooral goed merkbaar op de ooit impopulaire Zentralplatz.

Het is lastig om nog voor de geest te halen hoe dit plein er vroeger uitzag. Somber en grauw in elk geval, verwaarloosd, met een en al leegstand en even saai als de naam al doet vermoeden. De Zentralplatz is aangelegd na de Tweede Wereldoorlog, ten tijde waarvan de stad vrijwel volledig was verwoest. Het plein haalde in 1992 om een trieste reden de krantenkoppen toen een rechts-extremistische skinhead hier een dakloze vermoordde. Een gedenkplaat herinnert nog aan die daad.

Het nieuwe hart van de stad

Niet in de laatste plaats de Bundesgartenschau van 2011 heeft de **Zentralplatz** uit zijn doornroosjesslaap gewekt en de stad de kans geboden om hier met spectaculaire gebouwen een nieuw centrum te creëren. De kern wordt gevormd door twee moderne gebouwen: het **Forum Confluentes** 6 en het **Forum Mittelrhein**. Het eerste is gewijd aan cultuur, het tweede aan winkelplezier. De opening van het Forum Confluentes in september 2012 en het Forum Mittelrhein in juni 2013 werden – zoals voor dergelijke projecten te doen gebruikelijk – voorafgegaan door jarenlange debatten in het stadsbestuur en onder de inwoners van Koblenz. Uit de bezoekersaantallen kan echter worden afgeleid dat de gebouwen bij zowel stedelingen als toeristen in goede aarde zijn gevallen.

Cultuur op vijf verdiepingen

Zo brengen aanzienlijk meer mensen een bezoek aan de in het Forum Confluentes ondergebrachte **stadsbibliotheek** en het **Mittelrhein-Museum** dan

Wil je eerst even een overzicht? Neem dan de glazen lift naar het **dakterras van het Forum Confluentes**, dat een fantastisch uitzicht op Koblenz biedt (toegang: € 1).

Koblenz na de BUGA *#1*

Binnen in het Mittelrhein-Museum, dat in 2013 op de nieuwe locatie zijn deuren opende en kunst uit twee millennia exposeert.

toen deze nog op hun vorige locatie gevestigd waren. Geen wonder ook, want het Forum Confluentes is een aantrekkelijk, 32 m hoog glazen gebouw van vijf verdiepingen.

In het souterrain vind je de interactieve tentoonstelling **Romanticum**, waar je kunt zwelgen in de Rijnromantiek en je met behulp van korte videofilms kunt onderdompelen in het Koblenzer levensgevoel. Het hoogtepunt voor de meeste kinderen is de replica van een rijnschip waarin ze zelf voor kapitein kunnen spelen. Je zou bijna wensen dat het dagje regent, zodat je de gebouwen aan de Zentralplatz op je gemak vanbinnen kunt bekijken.

INFO EN OPENINGSTIJDEN
Forum Confluentes 6: Zentralplatz 1, www.koblenz.de (doorklikken op 'Stadtleben & Kultur'), 9-20 uur.
Stadsbibliotheek: tel. 0261 129 26 26, www.koblenz.de (doorklikken op 'Stadtleben & Kultur'), ma.-wo./vr. 10-18, do. 10-19, za. 10-15 uur.
Mittelrhein-Museum: ▶ blz. 17.
Romanticum: tel. 0261 129 16 10, www.romanticum.de, dag. 10-18 uur, € 6, scholieren/studenten/senioren € 4, kinderen € 1, gezinskaart € 10.
Forum Mittelrhein 🛍: Zentralplatz 2, tel. 0261 293 58 70, www.forum-mittelrhein.com, ma.-za. 10-20 uur.

ETEN EN DRINKEN
Op de begane grond van het **Forum Confluentes** vind je een **koffiebar**. En hoewel **food courts** in winkelcentra meestal geen culinaire hoogstandjes bieden, in het **Forum Mittelrhein** is een Aziatisch eettentje waar 's middags wordt gewerkt volgens het 'all you can eat'-principe en op een lopende band bordjes met allerlei lekkernijen aan de gasten voorbijtrekken – je pakt gewoon wat je lekker lijkt. Dat vult niet alleen de maag, maar is ook leuk.

Uitneembare kaart: J/K 1 | Plattegrond: blz. 20-21

facetten. Regelmatig rondleidingen, ritjes en evenementen.

Schönbornsluster Str. 14, tel. 0261 396 13 38, www.dbmuseum.de (doorklikken op 'Standorte'), half jan-half juni/begin okt-half dec. za. 10-16, juli-sept. di.-zo. 10-17 uur, € 3, studenten/senioren € 2, kinderen € 1,50, gezinskaart € 6

··
ETEN, SHOPPEN, SLAPEN
··

 Overnachten

Een steenworp van de Moezel
Hotel Stein ❶

Dit chique hotelletje ligt niet ver van de Moezel. Lekkerbekken kunnen hier hun hart ophalen in het met een Michelinster onderscheiden restaurant Schiller's.

Mayener Str. 126, tel. 0261 96 35 30, www.hotel-stein.de, 2 pk vanaf € 110

Centraal
Hotel und Weinstube Kornpforte ❷

Dit traditionele, liefdevol gerunde hotel onderscheidt zich met zijn centrale locatie. Vlak bij de Deutsches Eck en de binnenstad overnacht je hier in mooi gerenoveerde kamers.

Kornpfortstr. 11, tel. 0261 311 74, www.hotel-kornpforte.de, 2 pk vanaf € 99

KOBLENZ

Bezienswaardig
1. Vesting Ehrenbreitstein
2. Landesmuseum Koblenz
3. Ruiterstandbeeld keizer Wilhelm I
4. Rheinanlagen
5. Kurfürstliches Schloss
6. Forum Confluentes
7. Ludwig Museum
8. DB Museum

Overnachten
1. Hotel Stein
2. Hotel und Weinstube Kornpforte

Eten en drinken
1. Gerhards Genussgesellschaft
2. Restaurant im Pegelhaus
3. Essgeschäft

Winkelen
1. Forum Mittelrhein
2. Galleria Lebensart
3. Stedelijke vlooienmarkt

Uitgaan
- Café Hahn

Sport en activiteiten
1. Aanlegplaats rederij Köln-Düsseldorfer

 Eten en drinken

Heerlijk eten
Gerhards Genussgesellschaft ❶

Dit is een adresje voor fijnproevers, net ten zuiden van de Deutsches Eck. Zoals in het Blumenhof oude architectuur en hedendaags interieur worden gecombineerd, zo pept Georg Gerhards eenvoudige Duitse kost op met geraffineerde vondsten. Met als resultaat: uitstekende gerechten voor een schappelijke prijs.

Danziger Freiheit 3 (in het Blumenhof), tel. 0261 91 49 91 34, www.gerhards-genussgesellschaft.de, di.-zo. 12-14.30 en vanaf 18 uur, vanaf ca. € 15

Prachtig uitzicht
Restaurant im Pegelhaus ❷

In het *Pegelhaus* (peilstation) aan de oever van de Rijn kun je in een historische ambiance van voortreffelijke moderne gerechten genieten. Er komen hier innovatieve creaties op tafel, zoals Eifelvarken met prei en gerookte aardappelstamppot. De moderne glazen koepel heeft het oude gebouw aan de BUGA in 2011 te danken.

Konrad-Adenauer-Ufer 1, tel. 0261 91 48 96 44, www.restaurant-pegelhaus.de, wo.-za. 11.30-22, zo. 11.30-21, ma. 16-22 uur, vanaf € 14

OVERIGENS

Na de Tweede Wereldoorlog was Koblenz enkele jaren de hoofdstad van de nieuwe deelstaat Rheinland-Pfalz, maar moest dat privilege in 1950 aan Mainz afstaan. Nadat het parlement en de regering naar Mainz waren verhuisd, kreeg Koblenz instanties als het federale archief en het federaal instituut voor hydrologie.

Heel mooi
Essgeschäft ❸
In de prachtig ingerichte 'Café und Speisezimmer' worden lunchgerechten, soep en panini geserveerd. Hoogtepunten zijn echter het gebak en de kleine lekkernijen bij de koffie.
Altlöhrtor 30, tel. 0261 91 49 93 70, www.essgeschaeft.de, ma.-za. 10-18 uur

Winkelen

Snuisterijen
Galleria Lebensart
'Mooier wonen' zou het motto van deze winkel kunnen zijn. Je vindt hier allerlei dingen die het leven aangenamer maken, zoals meubels, decoraties, accessoires en stoffen.
Andernacherstr. 176-178, tel. 0261 80 80 90, www.galleria-lebensart.de, ma.-vr. 10-19, za. 10-18 uur

Op koopjesjacht
Stedelijke vlooienmarkt ❸
Drie keer per jaar organiseert de stad Koblenz een grote vlooienmarkt aan de Rijn, waar alle denkbare waren een nieuwe eigenaar zoeken.
Konrad-Adenauer-Ufer tussen de Rheinstr. en de Deutsches Eck, za. 8-17 uur, evenementen op www.koblenz.de

Uitgaan

Een instituut
Café Hahn
Deze club, waar alle muzikanten en cabaretiers met enig gevoel van eigenwaarde al een keer hebben opgetreden, bestaat al sinds 1981. Het programma vind je op de website, waar je ook kaartjes kunt kopen.
Neustr. 15 (Güls), tel. 0261 423 02, www.cafehahn.de

Sport en activiteiten

Wandelen
Al voor de Moselsteig was er de **Rheinsteig** – een prachtig langeafstandswandelpad dat over een afstand van 320 km langs de Midden-Rijn van Bonn naar Wiesbaden voert. Je komt langs burchten en kastelen, en loopt door bossen en wijngaarden. Een van de etappes voert van Vallendar naar Koblenz-Ehrenbreitstein (9 km), een andere van Ehrebreitstein naar Niederlahnstein (13,5 km). Een overzicht vind je op www.rheinsteig.de.

Boottochten op de Rijn
Natuurlijk zijn er op de Rijn ook mooie boottochten te maken, of het nu in de richting Keulen/Bonn is of in de richting Mainz. De **aanlegplaats van rederij Köln-Düsseldorfer** (www.kd-rhein-main.de) bevindt zich aan de Konrad-Adenauer-Ufer.

Stadswandelingen
Tijdens een stadswandeling kun je kennismaken met de bezienswaardigheden van Koblenz, terwijl onderweg anekdotes uit de stadsgeschiedenis worden verteld (informatie over alle stadswandelingen tel. 0261 303 88 14, www.koblenz-touristik.de).

INFO

Toeristenbureau: Forum Confluentes, Zentralplatz 1, tel. 0261 194 33, www.koblenz-touristik.de, dag. 10-18 uur.

Koblenz en de Beneden-Moezel ▶ Koblenz

Wandelen, winkelen en zonnebaden laten zich goed combineren op de stedelijke vlooienmarkt op de oever van de Rijn.

Trein: Koblenz is het centrum van de regio Rhein-Mosel-Lahn en het centraal station het knooppunt van het treinverkeer. Vanaf hier zijn er met ICE, IC/EC en regionale treinen verbindingen met steden in heel Duitsland, maar ook met buurlanden. Via Treis-Karden en Cochem rijden regionale sneltreinen naar Trier.

EVENEMENTEN

Koblenzer Mendelssohn-Tage: feb.-okt. Muziekfestival dat gewijd is aan de componist Felix Mendelssohn-Bartholdy (www.mendelssohn-koblenz.de).
Altstadtfest: begin juli. Driedaags feest in de binnenstad met livemuziek, amusement en een kinderprogramma.
Gaukler- und Kleinkunstfestival: eind juli. Clowns, *walking acts* en jongleurs in de vesting Ehrenbreitstein.
Rhein in Flammen: half aug. Groot spektakel met siervuurwerk, onderdeel van het driedaagse Koblenzer Sommerfest.

IN DE OMGEVING

Een retourtje ridders
Een paar kilometer stroomopwaarts troont in de gelijknamige wijk het

Schloss Stolzenfels (📖 J 1) hoog boven de Rijn. Het sneeuwwitte kasteel met het park is Pruisische Rijnromantiek in optima forma. Het is halverwege de 19e eeuw gebouwd op het terrein van een middeleeuwse burchtruïne, met medewerking van onder anderen de architecten Karl Friedrich Schinkel en Friedrich August Stüler en de landschapsarchitect Peter Joseph Lenné. Het kasteel is niet alleen aan de buitenkant mooi, maar ook binnen prachtig in middeleeuwse stijl ingericht, zoals de ridderzaal.

Rhenser Str. 15, tel. 0261 516 56, www.schloss-stolzenfels.de, 15. mrt.-okt. di.-za., zon- en feestdagen 10-18, nov., feb-14 mrt. za., zon- en feestdagen 10-17 uur, € 5, studenten/senioren € 4, 7-18 jaar € 3, gezinskaart vanaf € 5, inclusief rondleiding

Een reis door de tijd
In het **Vulkanpark** (📖 ten noorden van G/H 1) rond de Laacher See kun je een tijdreis maken door 600.000 jaar geschiedenis van de aarde en de mensheid. Op bijna dertig locaties in het geopark word je geïnformeerd over bijvoorbeeld vulkanisme in de Eifel en het gebruik van basalt en tufsteen in de oudheid. Tot die locaties behoren de **Romeinse mijn Meurin** en natuur- en industriële monumenten als het **mijndistrict Mayen**, de **Museumslay**

in Mendig, de **geiser in Andernach** en het **Deutsche Bimsmuseum** in Kaltenengers waar puimsteen centraal staat. Voor een goed overzicht ga je naar het **informatiecentrum van het Vulkanpark**.
Rauschermühle 6, Plaidt, tel. 02632 987 50, www.vulkanpark.com, 15. mrt.-okt. di.-zo. 9-17, nov-14 mrt. di.-zo. 11-16 uur, € 3,50, kinderen/studenten € 2,50, gezinskaart vanaf € 4,50

Betoverend gezang
De met sagen omgeven leisteenrots **Loreley** (K 2/3), die de verblijfplaats van een mooie vrouw met lang blond haar zou zijn, ligt een stukje ten zuiden van Koblenz in het dal van de Midden-Rijn. Je kunt een fietstocht of een wandeling naar de 132 m hoge rots maken, de auto nemen of – waarschijnlijk de mooiste optie – met de boot gaan. Volgens de sage zou dat laatste 'gevaarlijk' zijn – Heinrich Heine wist dat ook al toen hij het verhaal over de Loreley in 1823 in versvorm goot. In het **bezoekerscentrum**, dat als regionaal filiaal van de Expo 2000 het licht zag, vind je informatie en een film over het Werelderfgoed Oberes Mittelrheintal, de mythe Loreley en de geologie, de wijnbouw, de flora en de fauna van het gebied.

Wie de boot te druk lijkt om de Loreley te gaan bekijken, maakt een wandeling over de Rheinsteig.

Op de Loreley/Loreleyplateau, St. Goarshausen, tel. 06771 59 90 93, www.loreley-besucherzentrum.de, apr.-okt. dag. 10-17 uur (bistro tot 18 uur), € 2,50, kinderen vanaf 6 jaar/studenten € 1,50

Winningen J 1

Winningen biedt Moezelromantiek in zijn puurste vorm: een fraai plaatsje waar 2600 mensen wonen, met mooie vakwerkhuizen en steile wijngaarden. En bovendien uitzicht op de rivier, waar de cruiseschepen kalmpjes voorbijtrekken.

Auto's en heksen
Hier zijn enkele grote carrières begonnen, zoals die van hotelier Horst Schulze, die in 1983 de hotelketen Ritz-Carlton oprichtte. Of die van autopionier en stichter van de Audifabriek August Horch (1868-1951), die hier ooit naar school is gegaan. In dat schoolgebouw, een ontwerp van architect Lassaulx dat tegenwoordig onder monumentenzorg valt, is het met hart en ziel gerunde **Museum Winningen** ondergebracht. Het museum is aan te bevelen voor iedereen die meer wil weten over de geschiedenis van de plaats (Schulstr. 5, tel. 02606 21 26, www.museum-winningen.de, mei-okt. za., zo. 15-18 uur, € 5, tot 14 jaar € 2). Aan het leven en het werk van Horch is een speciale afdeling gewijd. Een donker hoofdstuk in de geschiedenis van het plaatsje zijn de heksenvervolgingen. Vroeger werden mensen die in ongenade waren gevallen, verbrand en onthoofd op de **Heideberg**. Een gedenksteen herinnert aan de 21 slachtoffers. Met de **'Weinhex'**, die symbool staat voor de wijn van Winningen, heeft dat overigens niets te maken: die figuur gaat terug op een oude sage.

🛏 Ongedwongen
Hotel Nora Emmerich
Met veel liefde runt Nora Emmerich al 25 jaar het even boven het centrum

HALLO, HALLO!

Ondanks internet en sociale media heeft Winningen nog altijd een eigen **omroepinstallatie.** Uit tweehonderd luidsprekers klinken twee keer per dag berichten. Mededelingen van de gemeente, tips voor evenementen, een weggelopen dier of een vrijgekomen woning – tegen betaling kan iedereen zijn nieuwtje verspreiden.

gelegen hotel van haar familie. 's Ochtends verwent ze haar gasten met een uitstekend ontbijtbuffet.
Raiffeisenstr. 15, tel. 02606 537, www.hotel-emmerich.com, 2 pk € 88

● **Veel afwisseling**
Brunnenklause
Deze *Weinstube* onderscheidt zich met bijzondere en steeds weer verrassende gerechten, een zeer omvangrijke wijnkaart en veel goede ideeën voor bijzondere evenementen.
Bachstr. 6, tel. 02606 499, www.brunnenklause.de, zomer wo.-ma. vanaf 11, winter wo.-ma. 11.30-14.30 en vanaf 17 uur, vanaf € 11,80

● **Winninger wijn**
Educatief wijnpad
Dertig informatieborden langs dit 1,2 km lange pad bieden inzicht in de uitdagingen waarvoor de wijnboeren zich gesteld zien in de steile wijngaarden rond Winningen en wetenswaardigheden over de teelt van rieslingdruiven (www.winningen.de/weinlehrpfad.htm).

● **Info en evenementen**
Toeristenbureau: August-Horch-Str. 3, tel. 02606 342, www.winningen.de, ma.-vr. 8-12, 13-17 uur.
Moselfest: eind aug.-begin sept. Niet alleen het oudste wijnfeest van Duitsland, maar met tien dagen ook het langste aan de Moezel.

Kobern-Gondorf

J 1

Boven dit tweelingdorp, dat vier burchten en kastelen, een verzameling fraaie vakwerkhuizen uit de 17e en 18e eeuw en een bijzonder groot aanbod aan recreatieve activiteiten te bieden heeft, groeien druiven op steile hellingen. Wat daarvan wordt gemaakt, kun je proeven bij een van de vele wijnboerderijen en restaurants.

In het spoor van de Tatzelwurm
Of het waar is of niet, dat is van secundair belang. Het verhaal van de *Tatzelwurm* is gewoon mooi en ook een beetje griezelig. Het fabeldier (half leeuw, half lintworm) zou vroeger in de **mijngangen van Kobern-Gondorf** hebben geleefd. Een 7,8 km lange **rondwandeling** volgt het spoor van het dier: vanaf de Tatzelwurmbrunnen op de **Marktplatz** van Kobern wandel je door het Hohesteinsbachtal, waarbij je ook langs de **Matthiaskapelle** komt, een belangwekkende laatromaanse kapel. Ook prachtige ongerepte natuur en sensationele uitzichten op het Moezeldal zijn smaakmakers van deze wandeling.

In de onderwereld
Kobern-Gondorf heeft een kort mijn-

HEEL VOORNAAM

Voor wie geïnteresseerd is in burchten en kastelen valt er in Kobern-Gondorf wel het een en ander te zien. Om te beginnen de **Oberburg**, de vroegere zetel van de ridders van Kobern. Dan is er nog de **Niederburg**, die Gerlach I van Cobern-Isenburg vanaf 1190 liet bouwen. En ten slotte wachten de liefhebbers nog het **Schloss Liebig** en het **Schloss von der Leyen**, een voormalige waterburcht.

Middeleeuws sprookje – **Burg Eltz**

Hoe zag het leven er eigenlijk uit op een burcht in de middeleeuwen? Bezoekers van de 12e-eeuwse Burg Eltz kunnen niet alleen de architectuur bewonderen, maar zich ook onderdompelen in het leven van de vroegere bewoners. De zetel van het huis Eltz wordt wel eens 'sprookjeskasteel uit de middeleeuwen' en 'summum van een ridderburcht' genoemd.

Dankzij het **narrenmasker** aan de muur kon iedereen zijn mening geven zonder bang te hoeven zijn daarvoor te worden gestraft. En de **zwijgroos** boven het deurkozijn garandeerde dat alles wat hier besproken werd tussen vier muren bleef. Veel details, zoals deze twee symbolen in de ridderzaal – de feest- en vergaderruimte van de burcht –, vertellen iets over het leven op **Burg Eltz** 1 in lang vervlogen tijden. De portretten van de kinderen laten zien dat zij destijds als kleine volwassenen werden beschouwd. En een met de dakgoot verbonden erker met toilet getuigt ervan waar in de middeleeuwen het afvalwater terechtkwam.

Vreedzame tijden

Dit kun je allemaal zien tijdens een **rondleiding** door de burcht, die een paar keer per uur van start gaat. Je hoort dan ook dat Burg Eltz al in 1157 in een schenkingsoorkonde wordt genoemd, slechts één keer in een militaire confrontatie verwikkeld is geraakt en in welke drie bloedlijnen de oorspronkelijke familie Eltz kan worden verdeeld – de verschillende woontorens op het terrein van de burcht getuigen er nog altijd van.

De naam heeft de burcht te danken aan de al door de Romeinse dichter Ausonius in zijn *Mosella* genoemde rivier de Elz, die de rots met de tot wel tien verdiepingen hoge burcht vrijwel helemaal omspoelt. Even indrukwekkend als de ligging midden in het bos is de architectuur met de vele torens, daken en erkers.

Burg Eltz stond vroeger op de achterkant van bankbiljetten van 500 mark.

Burg Eltz #2

Dat er van de tachtig woon- en slaapvertrekken niet minder dan veertig voorzien waren van een open haard geeft aan dat de mensen hier in alle comfort en grote welvaart leefden. In de schatkamer vind je vijfhonderd voorwerpen uit het dagelijks leven in die tijd, zoals munten, medailles, servies, wapens, tabaksdozen, kleding en sieraden.

Moeizaam behoud

Voor de huidige eigenaar, de in Eltville bij Frankfurt woonachtige Karl Graf von und zu Eltz-Kempenich, genaamd 'Faust von Stromberg', is het sprookjeskasteel in de afgelopen jaren echter niet zozeer een garantie voor welvaart als wel een financiële uitdaging geweest. Toen de daken begonnen te lekken en de uitbouw van een woontoren dreigde in te storten, werd de burcht drie jaar lang ingrijpend en met veel inzet van belastinggeld gerenoveerd. Het geld dat de bezoekers aan de kassa, in de zelfbedieningsrestaurants en in de souvenirwinkel uitgeven gaat naar het behoud van de burcht.

Een plaatje: op de binnenplaats van Burg Eltz hoef je alleen maar bewonderend omhoog te kijken.

INFO EN OPENINGSTIJDEN

Burg Eltz 1: Burg Eltz 1, Wierschem, tel. 02672 95 05 00, www.burg-eltz.de, apr.-begin nov. dag. 9.30-17.30 uur, € 10, scholieren/studenten € 6,50, gezinskaart € 28. Een toegangskaart geeft recht op een rondleiding en een bezoek aan de schatkamer. De rondleidingen, ook Engelstalig, beginnen om de 10-15 min. en duren circa drie kwartier. **Bereikbaarheid:** je kunt niet helemaal tot aan de burcht rijden. Vanaf de parkeerplaats (€ 2) kun je de pendelbus nemen (€ 2) of door het bos naar de burcht lopen (ongeveer een kwartier). Maar het mooist is een wandeling vanaf de **Ringelsteiner Mühle** 2 bij **Moselkern** 3 (ongeveer 40 min.) of vanaf Karden (2 uur). Vanuit Treis-Karden rijdt de BurgenBus naar Burg Eltz.

ETEN EN DRINKEN

In de burcht zijn twee eenvoudige zelfbedieningsrestaurants met een breed assortiment, van belegde broodjes tot wildgoulash met *Spätzle*: de **Unterschänke an der Linde** en de **Oberschänke am Burgbrunnen**. In de wijde omtrek is er geen andere mogelijkheid om eten en drinken te kopen.

Uitneembare kaart: H 2

Koblenz en de Beneden-Moezel ▶ Treis-Karden

bouwverleden, want in de 19e eeuw werd hier in een gangenstelsel ijzererts gewonnen. Deze bijna 500 m onder het aardoppervlak gelegen **Norbertusstollen** kunnen nog altijd worden bezichtigd. Tijdens een rondleiding (onregelmatig) kom je allerlei interessante dingen te weten over deze 'goudzoekerstijd' en ervaar je de bijzondere charme van de onderwereld. De toegang tot de mijngangen kan vanaf Lennigstraße 15 worden bezichtigd (info over rondleidingen bij het Kuratorium für Heimatforschung und -pflege Kobern-Gondorf, tel. 02607 16 51, www.kuratorium-kobern.de).

🍴 Voor alle zintuigen
Winzerhof Von Schleinitz
Binnen bij de open haard of bij mooi weer op het terras geniet je van de veelvuldig onderscheiden wijnen van het wijnhuis Von Schleinitz en de daarbij geserveerde *Flammkuchen* of broodplankjes. In het bijbehorende theater treden regelmatig gezelschappen op.
Kirchstr. 22, tel. 0170 852 48 57, www.vonschleinitz-winzerhof.de, apr.-okt. vr.-zo. 15-23 uur

🛢 Olie
Oliemolens Dreckenach
In de wijk Dreckenach produceert een familiebedrijf koudgeperste raapolie. Tijdens een rondleiding kom je alles te weten over het productieproces, van de oogst van koolzaad tot het bottelen.
Hauptstr. 3, tel. 02607 45 62, www.oelmuehlen-dreckenach.de, rondleiding € 10

⛳ Indoorgolf
Van een tennishal is enkele jaren geleden een indoorgolfbaan gemaakt, waar je volgens de regels van midgetgolf op banen van verschillende moeilijkheidsgraad kunt spelen.
Kalkofen 2, tel. 02607 973 55 44, www.abenteuergolf-kobern-gondorf.de, wo.-vr. 14-19.30, za., zo. 11-19.30 uur, € 6,50, tot 15 jaar € 5

ℹ Info en evenementen
Büro für Touristik und Kultur: Lennigstr. 12-14, tel. 02607 10 55, ma.-do. 13.30-17.30, vr. 13.30-17 uur.
Ostermarkt: eerste paasdag op de Marktplatz. Kunstnijverheid en het grootste paasnest van het Moezelgebied.
Wein- und Burgenfest: eerste weekend van juli. Wijnfeest in Kobern met optocht, kinderprogramma en livemuziek.

Treis-Karden 📍 H 2

Treis aan de kant van de Hunsrück en Karden aan de kant van de Eifel vormen sinds 1969 het tweelingdorp Treis-Karden (2200 inwo-

Achter de Matthiaskapelle is de Oberburg Gondorf te zien. In Kobern-Gondorf zijn maar liefst vier kastelen en burchten te bewonderen.

Koblenz en de Beneden-Moezel ▶ Treis-Karden

ners). Het staat vooral bekend om de stiftskerk St. Castor, die ook wel 'Moseldom' wordt genoemd. Het symbool van Treis-Karden is bovendien het belangrijkste sacrale bouwwerk tussen Trier en Koblenz.

Rond de 'Moseldom'

De stralend witte stiftskerk **St. Castor** is in zijn huidige vorm in 1183 op het terrein van een vroegere kerk gebouwd en biedt een combinatie van verschillende bouwstijlen. De architectuur is romaans, het altaarschrijn laatgotisch en het orgel stamt uit de barok. Na de bezichtiging van de kerk kun je een wandeling maken door de wijk rondom de kerk, waar veel huizen met mooie vakwerkgevels staan.
Voor meer informatie over de geschiedenis van de kerk breng je een bezoek aan het **Stiftsmuseum**, dat zelf in het mooie **Zehnthaus** is gehuisvest. De geëxposeerde documenten maken duidelijk welke betekenis Karden had als religieus centrum in het bisdom Trier. Bovendien kun je je hier goed voorbereiden op een bezichtiging van de Martberg (St. Castor-Str. 87, tel. 02672 915 77 00, www.treis-karden-mosel.de, mei-okt. vr.-zo. 15-17.30 uur, € 3, senioren € 2, 6-17 jaar/studenten € 1,50, gezinskaart € 6,50).

Uitstapje naar de Martberg

Op de **Martberg** tussen Pommern en Karden brachten de Romeinen 180 m boven de Moezel offers aan de god Mars. Het terrein rondom het Gallo-Romeinse tempelcomplex is vrij toegankelijk. De hoofdtempel, die aan de binnenzijde voorzien is van schilderingen, is slechts beperkt geopend (mei-okt. vr.-za., zon- en feestdagen 11-17 uur, rondleiding € 2, www.martberg-pommern.de). Gedurende die openingstijden kun je ook terecht bij een café op de Martberg. Wie met de auto gaat, kan na een rit door het bos op een parkeerplaats in de buurt parkeren. Een aantrekkelijker alternatief is een wandeling via het 5 km lange **Lenus Marspad** (met panoramapad 9,5 km),

een gedeelte van de Moselsteig-etappe van Cochem naar Treis-Karden.

🏠 Voor genieters
Schloß-Hotel Petry
Dit grote complex met vier gebouwen biedt kamers in verschillende stijlen, van eenvoudig tot luxueus. De gasten kunnen ontspannen in het wellnesscentrum, en in het eigen restaurant worden creatieve gerechten geserveerd.
St. Castor-Str. 80, tel. 02672 93 40, www.schloss-hotel-petry.de, 2 pk vanaf € 92

🏠 Steile bedoening
Wein- und Sektgut Castor
Verfrissende witte wijnen, fruitige rode wijnen en sprankelende sekten – Richard en Gudrun Castor behoren al tot de derde generatie die de scepter zwaait in dit wijnhuis. In de vinotheek kun je alles proeven wat de steile hellingen zoal opleveren. Ook kamerverhuur.
Hauptstr. 36, tel. 02672 16 66, www.castorwein.de, mrt.-Pasen vr.-zo. vanaf 17, Pasen-mei wo., vr.-zo. vanaf 17, vanaf juni wo.-zo. vanaf 17 uur

🕓 Een duik nemen
Zwembad
Dit verwarmde buitenbad heeft twee bassins, een waterglijbaan en een pierenbad. Verder vind je hier een grote ligweide en een basketbalveld.
Bruttiger Str. 1, tel. 02672 73 31, mei-zomervakantie di., do. 14-18.30, wo., vr.-zo. 10-18.30, zomervakantie dag. 10-19.30 uur

ℹ️ Info en evenementen
Toeristenbureau: St. Castor-Str. 87, tel. 02672 915 77 00, www.tourismus.treis-karden.de, mei-okt. ma.-vr. 9-12, 14-17, za. 9-12, nov.-apr. ma.-do. 9-12, 14-16, vr. 9-13 uur.
Treiser Kirmes: eind juni. Feest ter ere van de kerkpatroon Johannes de Doper.

IN DE OMGEVING

Zoete verlokkingen

In het stadje **Polch** (🗺 H 1) op het mooie Maifeld zetelt een van de

Koblenz en de Beneden-Moezel ▶ Cochem

OVERIGENS

Kleinkunst tussen boormachines, boomschors en grasmaaiers: het **Röhrig-Forum** in Bauzentrum Röhrig (Am Laach 21, www.roehrig-bauzentrum.de) is naar eigen zeggen het enige Duitse kleinkunstpodium in een bouwmarkt. Het biedt een omvangrijk cultureel programma.

toonaangevende koek- en chocoladeproducenten van Europa: Griesson-de Beukelaer & Co. De producten, zoals de beroemde chocoprince, zijn te koop in de fabriekswinkel (Heinz-Gries-Str./L52, tel. 02654 401 17 21, www.debeukelaer.com, ma.-vr. 9-18, za. 9-13 uur).

Cochem

📖 G 2, plattegrond ▶ blz. 31

Links de Moezel, rechts de Moezel en in de wijde omgeving alleen maar kleine plaatsjes. Daarom doet Cochem misschien grootstedelijker aan dan het stadje in werkelijkheid is – het toeristische centrum tussen Koblenz en Trier telt namelijk maar 5000 inwoners. Daarbij komen elk jaar nog wel de ruim 1 miljoen dagjesmensen en de honderdduizenden toeristen die hier één of meer nachten doorbrengen. Rust hoef je hier dus niet echt te zoeken, maar voor een pittoresk centrum, een heleboel drukte en spannende bezienswaardigheden ben je hier aan het juiste adres.

....
BEZIENSWAARDIGHEDEN
....

Een tochtje in de stoeltjeslift
Retro is in, dus doe zoals de vakantiegangers uit de jaren vijftig van de vorige eeuw en neem de **stoeltjeslift**. Een tochtje van het dalstation achter de parkeergarage in de Enderstraße naar het bergstation in de buurt van het uitkijkpunt **Pinnerkreuz** 1 kun je afhankelijk van de weerssituatie in de openlucht of in een halfopen cabine maken. Boven wacht een adembenemend uitzicht over het stadje en de rivier, en voor de liefhebber koffie met gebak.
Endertstr. 44, tel. 02671 98 90 63, www.cochemer-sesselbahn.de, eind mrt.-juni dag. 10-18, juli, sept. 10-18.30 (soms langer), aug. 9.30-19, okt. 10-18 (soms korter), begin nov. 11-16 uur, retour € 6,90, 4-14 jaar € 2,90, gezinskaart € 17

Buchtromantiek
Cochems symbool en bezienswaardigheid nummer één is de al van veraf zichtbare **Reichsburg** 2. Je kunt er een wandeling naartoe maken (circa een halfuur) of de shuttlebus nemen (retour € 4, tot 12 jaar € 2). Deze middeleeuwse burcht heeft in de loop van zijn bijna duizendjarige bestaan vele eigenaren gehad, tegenwoordig is dat het stadje Cochem. Nadat de Fransen de burcht eind 17e eeuw hadden verwoest, stond hier bijna tweehonderd jaar een ruïne, maar in de 19e eeuw liet de Berlijnse industrieel Louis Ravené die in neogotische stijl – en helemaal in de geest van de toenmalige burchtromantiek – restaureren. Je kunt een (Nederlandstalige) rondleiding krijgen door de vertrekken en over de binnenplaatsen van de burcht. Voor kinderen is er een speciale rondleiding waarbij ook een roversmaaltijd wordt geserveerd. Bovendien is de burcht regelmatig het decor van allerlei spektakels, zoals middeleeuwse feesten.
Schlossstr. 26, tel. 02671 255, www.reichsburg-cochem.de, half mrt.-okt. rondleiding dag. 9-17 uur (om de 10-15 min.), in de winter minder vaak (zie website), € 6, 6-17 jaar € 3, studenten € 5, gezinskaart € 16, de burcht is niet ingesteld op mensen met een beperking

Schatten opgraven
Hoe groeit een stuk steen uit tot een waardevol sieraad? Welk gereedschap hanteren agaatslijpers en wat is eigenlijk een zoïsiet? Deze vragen worden beantwoord in het **Edelsteinmuseum** 3 in Cochem. Behalve het museum

COCHEM

Bezienswaardig
1. Pinnerkreuz
2. Reichsburg
3. Edelsteinmuseum
4. Bundesbank-Bunker

Overnachten
1. Hotel Keßler-Meyer
2. Hotel Germania

Eten en drinken
1. Zum Onkel Willi
2. Eiscafé Bortolot
3. Zom Stüffje

Winkelen
- Senfmühle Cochem

Sport en activiteiten
1. Wandeling naar de Winneburg
2. Moselbad
3. Mosel-Wein-Express

Koblenz en de Beneden-Moezel ▶ Cochem

Er is maar één *Kreisstadt* (stad waar het bestuur van een district zetelt) in Duitsland die nog kleiner is dan Cochem en die ligt ook in de deelstaat Rheinland-Pfalz: Kusel in de Pfalz. Kusel heeft iets minder dan 5000 inwoners, Cochem iets meer.

bezichtigen kun je ook een rondleiding krijgen door de historische slijperij – en in de bijbehorende winkel sieraden, mineralen en fossielen kopen. Wie hierna de smaak te pakken heeft, kan ook nog een dagtochtje maken naar Idar-Oberstein voor een bezoek aan het Deutsches Mineralienmuseum.

Unterbachstr. 5, tel. 02671 42 67, www. edelstein-museum.info, apr.-okt. ma.-za. 10-18, zo. 11-17 uur (rondleidingen 11, 14 en 16 uur), in mrt./nov./dec. beperktere openingstijden, € 5, 7-17 jaar € 2,50

ETEN, SHOPPEN, SLAPEN

Overnachten

Familiebedrijf
Hotel Keßler-Meyer
De kamers van dit hotel, dat op enige afstand van de binnenstad in de wijk Sehl aan de oever van de Moezel ligt, zijn stuk voor stuk verschillend ingericht. Het hoogtepunt zijn de suites 'Beerenauslese' in de aangebouwde toren, maar daarvoor moet je wel minimaal € 250 per nacht neertellen. Het hotel heeft een mooi wellnesscentrum met sauna, zwembad en whirlpool.

Am Reilsbach 10-14, tel. 02671 978 80, www. hotel-kessler-meyer.de, 2 pk vanaf € 110

Verzorgde gastvrijheid
Hotel Germania
Een van de oudste hotels van Cochem. De plaatsen op het terras van de eigen *Konditorei* zijn op zonnige dagen bijzonder in trek. Het hotel is van het wijnhuis Göbel-Schleyer-Erben in Ernst, dat regelmatig wijnproeverijen voor de gasten organiseert. In het weekend kun je hier tot 13 uur ontbijten.

Moselpromenade 1, tel. 02671 977 50, www. mosel-hotel-germania.de, 2 pk vanaf € 88

Eten en drinken

Gezellig
Zum Onkel Willi ❶
Zin in een Balkanschnitzel, een half haantje of een toast Hawaï? Zum Onkel Willi, ietwat verscholen achter het dalstation van de stoeltjeslift, heeft het allemaal. En op de kaart staat nog heel veel meer.

Enderstr. 39, tel. 02671 73 05, www.moselland hotel-enderttal.de, di.-do. vanaf 17, vr.-zo. vanaf 11.30 uur, vanaf € 6,50

Ice, ice, baby!
Eiscafé Bortolot ❷
Deze regelmatig gelauwerde ijssalon is een instituut in Cochem en nog altijd wordt het ijs handgemaakt zonder kunstmatige toevoegingen. En dat proef je! Het terras biedt uitzicht op een gigantische ijsbeker, maar ook op de rivier.

Moselpromenade 1, tel. 02671 37 40, www. bortolot.de, dag. 11-22 uur

Generatiewisseling
Zom Stüffje ❸
Het pand dateert uit 1642 en is daarmee het oudste in Cochem. Het team is daarentegen heel jong en heeft het restaurant in 2017 overgenomen. Dominique Klein en Thomas Franken serveren in een knusse ambiance moderne gerechten als *involtini di vitello* met citruspolenta en varkensfilet met popcornpuree.

Oberbachstr. 14, tel. 02671 72 60, www.zom stueffje.com, wo.-ma. 17-22 uur, vanaf € 16,60

Winkelen

En een beetje mosterd graag
Senfmühle Cochem
Mosterd is mosterd, toch? Echt niet! In deze mooie, nog niet zo lang in de

Koblenz en de Beneden-Moezel ▶ Cochem

Cochem is een van de trekpleisters aan de Moezel en dan kan het wel eens druk worden op de Marktplatz.

binnenstad gevestigde winkel vind je mosterd in allerlei smaken, mosterd-kruidenlikeur, mosterdjam en nog veel meer. Mosterdmolenaar Wolfgang Steffens, bij wiens producten ook toprestaurants zweren, gunt bezoekers op verzoek een kijkje achter de schermen van de mosterdproductie.

Endertstr. 18, tel. 02671 60 76 65, www.senfmuehle.net, dag. 10-18, rondleiding 11/14/15/16 uur (€ 2,50, tot 11 jaar gratis)

Sport en activiteiten

Ruïneromantiek
Ongeveer 4 km boven het stadje Cochem ligt op een hoogte de ruïne van de rond 1300 gebouwde **Winneburg** ❶. Een wandeling ernaartoe neemt vanaf de Endertstraße (achter het dalstation van de stoeltjeslift) ongeveer vijf uur in beslag. De weg is steil en slingert door een dal. Je kunt steeds het bordje 'Ruine Winneburg' blijven volgen. Let op: boven kun je niets te eten of te drinken kopen, de laatste mogelijkheid is circa 1,5 km voor de ruïne bij het Waldhotel en camping 'Winneburg'.

Zo gaan de molens, de molens, de molens ...
De **Endert** is een 22 km lange beek die in Cochem in de Moezel uitmondt. Voor natuurliefhebbers is de 12 km lange wandelroute **'Im Tal der wilden Endert'** aan te bevelen. Deze begint bij het Maria Martentalklooster bij Leienkaul – of in Ulmen, voor wie niet opziet tegen 20 km wandelen – en eindigt bij de **Enderttor** in Cochem. Via rotsige paden kom je langs veel molens, waarvan sommige gerenoveerd en bewoond zijn.

Zwemmen
Voor een regenachtige dag is er het **Moselbad** ❷, dat een binnen- en een buitenbad, een groot pierenbad voor baby's en kleine kinderen, twee sauna's, een sanarium en een stoombad biedt. Op het terrein bevinden zich ook een tenniscomplex en een camping.

Moritzburger Str. 1, tel. 02671 979 90, www.moselbad.de, di., do. 9-19, wo. 14-21, vr. 10-21, za., zo. 10-19, in de vakanties ma. 13-21, di., do. 9-21, wo., vr. 10-21, za., zo. 10-19 uur, sauna afwijkende openingstijden, vanaf € 4, kinderen € 2,50

Rondrit door Cochem
De **Mosel-Wein-Express** ❸ rijdt in het

In de onderwereld – **de Bundesbank-Bunker Cochem**

Midden in een onopvallende woonwijk op de rustigere Moezeloever van Cochem hebben gedurende 24 jaar miljarden opgeslagen gelegen, waarmee in geval van nood de bevolking van de Bondsrepubliek Duitsland van contant geld moest worden voorzien. Vanaf 2016 is deze Bundesbank-Bunker opengesteld als museum.

Dit particuliere museum is niet gelieerd aan het instituut Bundesbank. Wie geld wil zien, moet naar het Geldmuseum van de Bundesbank in Frankfurt gaan.

Waarom in Cochem? Die vraag wordt museumdirecteur Petra Reuter elke dag gesteld. Het stadje aan de Moezel werd uitgekozen als locatie van de **Bundesbank-Bunker** 4 omdat bij een aanval uit het Oosten de aanvoer vanuit Frankfurt niet meer mogelijk zou zijn geweest en medewerkers van de Bundesbank Cochem in theorie nog tijdig zouden kunnen bereiken. In geval van een offensief met vals geld bijvoorbeeld zouden ze volgens een gedetailleerd plan binnen twee weken het geld kunnen omwisselen. De bunker was ook bestand tegen een atomaire drukgolf.

Terug in de tijd

Aanval vanuit het Oosten? Atoombom? Welkom terug in de Koude Oorlog. Circa 100 m lang is de gang achter de zware stalen kluisdeur. Rechts

Sesam, open u! Museumdirecteur Petra Reuter opent de zware veiligheidsdeur naar het 'miljardengraf' van de Bundesbank-Bunker.

De Bundesbank-Bunker Cochem #3

is een decontaminatieruimte, waaraan bij een atoomaanval als eerste een bezoekje zou zijn gebracht. Voor medewerkers van de Bundesbank stonden bedden klaar en een keuken zou tot 175 mensen hebben kunnen verzorgen. Voor die tijd waren de technische voorzieningen ultramodern. Twee gedachten dringen zich op tijdens een rondwandeling. De eerste is: hoe idioot is dit? En de tweede: zo lang geleden is dat nog niet.

Zo zag het geld eruit waarmee in geval van nood de Duitse mark moest worden gered.

007 aan de Moezel

In de zoektocht naar een schuilplaats voor de miljardenschat stuitte de Bundesbank op een perceel met twee huizen. In het ene had een dokter zijn kleine privékliniek ondergebracht en in het andere woonde hij. Dit was een perfecte uitgangssituatie. In de woonhuizen vestigde de Bundesbank een echt opleidingscentrum. Via een trap kon je naar de bunker, waarvan de ingang als oprit naar een garage was gemaskeerd. Binnen hield de directeur van het opleidingscentrum een oogje in het zeil. Regelmatig kwamen medewerkers van de Bundesbank om geld te tellen.

Voor het nageslacht bewaard

In 1988 kwam er een eind aan deze situatie en werd het geld door de shredder gehaald. Dat had evenwel niets te maken met het eind van de Koude Oorlog of de aanstaande invoering van de euro. 'De 15 miljard mark waren gebaseerd op de hoeveelheid geld die in de jaren zestig in omloop was,' zegt Petra Reuter. 'Ze hadden moeten ophogen tot 50 miljard en nieuwe veiligheidsnormen in acht moeten nemen. Dat had weinig zin.'

Het opleidingscentrum heeft nog bestaan tot de verkoop van het perceel aan de toenmalige Vereinigte Volksbank Cochem. Later hebben de panden lange tijd leeg gestaan – tot een echtpaar van busondernemers uit Treis-Karden het terrein kocht. Zij hebben de woningen omgebouwd tot het mooie hotel Vintage (www.hotel-vintage.de). Het terrein valt inmiddels onder monumentenzorg, maar op miljarden slapen zoals Dagobert Duck doe je hier tegenwoordig niet meer.

INFO EN OPENINGSTIJDEN

Bundesbank-Bunker 4: Am Wald 35, tel. 02671 915 35 40, www.bundesbank-bunker.de, mei-okt. rondleidingen dag. 11-15 uur, elk uur (in de winter alleen in het weekend), € 10, 12-17 jaar € 5, gezinskaart € 23. Geen parkeerplaatsen. Vanaf de Endertplatz rijdt in de zomer 3 x per dag een shuttlebus (retour € 4), maar je kunt ook gaan lopen (een kwartiertje).

ETEN EN DRINKEN

Het terras van **hotel Vintage** is de enige mogelijkheid bij de bunker om iets te eten of te drinken.

Uitneembare kaart: G 2 | Plattegrond: ▶ blz. 31

hoogseizoen dagelijks van 10 tot 17 uur (€ 5,80, kinderen 2-12 jaar € 3, vertrek vanaf de Endertplatz).

INFO

Toeristenbureau Ferienland Cochem: Endertplatz 1, tel. 02671 600 40, www.ferienland-cochem.de, apr. ma.-vr. 9-17, mei-half juli ma.-vr. 9-17, za. 9-15, zo. 10-15, half-eind juli ma.-za. 9-17, zo. 10-15, aug.-okt. ma.-do. 9-17, vr. 9-18, za. 9-17, zo. 10-15, nov.-mrt. ma.-vr. 9-13, 14-17 uur.
Trein: Cochem ligt aan het Moezeltraject Koblenz-Trier. Op het station stoppen regionale stop- en sneltreinen.

EVENEMENTEN

Knippmontag: ma. na paasmaandag. Wandeling langs de Reichsburg naar de Knippwiese, waar een grote picknick plaatsvindt.
Blütenmarkt: tweede zo. van apr. Op de Endertplatz draait alles om de wijngaardperzik.
Heimat- und Weinfest: laatste weekend van aug. Met muziek en een grote optocht door het centrum. Er wordt ook vuurwerk afgestoken.
SternZauber: adventstijd. Kerstmarkt op de Endertplatz.

IN DE OMGEVING

Water en dieren
Naar beneden suizen over de wildwaterbaan, in de achtbaan erachter komen hoeveel je eigenlijk durft, in de kinderboerderij heel dicht bij de dieren komen of met open mond bij het verblijf van de beren staan – dat allemaal en nog veel meer kan tijdens een bezoek aan het **Wild- und Freizeitpark Klotten** (📖 G 2).
Wildparkstr. 1, Klotten, tel. 02671 60 54 40, www.klotti.de, apr.-nov. dag. 9.30-18 uur, in de zomervakantie soms langer, € 17, kinderen vanaf tot 14 jaar € 15,50, senioren € 13, vr. korting voor gezinnen

'Ogen van de Eifel'
Karakteristiek voor de nabijgelegen Vulkaan-Eifel rond het stadje **Daun** (📖 E 2) zijn de **maren**: trechtervormige inzakkingen van vulkanische oorsprong die in het landschap zijn ontstaan. De meeste zijn uitgedroogd, maar tien zijn er nog met water gevuld. Het kleinst is het **Eichholzmaar** in Gerolstein (📖 D 1/2, 120 m in doorsnee, 3 m diep), het grootst het **Meerfelder Maar** bij Daun (wateroppervlak 24,8 ha, 18 m diep). Het is een unieke belevenis om deze getuigen van het vulkanisme op een wandeling of een fietstocht te gaan bekijken. Vier van deze 'ogen van de Eifel' genoemde maren – waaronder het Gemündener Maar – lonken met een natuurzwembad. Een overzicht vind je op www.eifel.info.

Beilstein 📖 G 3

Als Beilstein daadwerkelijk het 'Doornroosje van de Moezel' is, dan zijn de vele (soms te veel) toeristen in de zomer de prinsen die het in de helling gebouwde dorp wakker willen kussen. Geen wonder ook, want het plaatsje weet beslist te betoveren met de vakwerkhuizen aan de Marktplatz, de bochtige straatjes, de kloostertrap en de schilderachtige ruïne van de burcht Metternich.

Een inspanning
Exact 108 treden van de kloostertrap moet je bedwingen voordat je je doel hebt bereikt: de **karmelieter kerk St. Josef**, een van de symbolen van Beilstein. Deze barokkerk, die tussen 1691 en 1738 is gebouwd, is vooral bekend vanwege het Mariabeeld dat 'Zwarte Madonna' wordt genoemd en om het in 1738 gebouwde en in 2002 voor het laatst gerestaureerde Balthasar König-orgel. Sinds het klooster in 1803 werd geseculariseerd, doet de St. Josef dienst als parochiekerk. Je kunt er overigens ook gewoon door het dorp

naartoe lopen, maar de trap beklimmen is veel leuker. En wie op de top van de kloosterheuvel is aangekomen, kan zichzelf belonen met een stuk karmelietentaart in het café-restaurant van het klooster.

... en nog verder naar de burcht
En als je dan al zo ver bent gekomen, dan kun je ook nog wel een klein stukje verder klimmen naar de **burchtruïne Metternich**. Het prachtige uitzicht over het Moezeldal doet je deze (minimale) inspanningen weer snel vergeten. Voor een kleine bijdrage kun je het complex bezichtigen om erachter te komen wie de burcht tussen de eerste vermelding ervan in 1268 en de verwoesting ervan in 1689 allemaal in eigendom hebben gehad.

De kelder in
De familie Lipmann, die onder andere het hotel en restaurant Altes Zollhaus exploiteert, heeft in de kelder van het Zehnthaus aan de historische Marktplatz een **Weinmuseum** ingericht. De collectie bestaat uit werktuigen van de wijnboeren, zoals een apparaat waarmee flessen van een kurk kunnen worden voorzien. Het Zehnthaus is in 1574 gebouwd en hoorde vroeger bij de burcht Metternich.
Tel. 02673 18 50, www.hotel-lipmann.de

● Centraal
Hotel Gute Quelle
Holger Ostermann serveert wild en vis, maar ook typische gerechten uit het Moezelgebied zoals gebakken bloedworst met appelmoes en gebakken aardappeltjes.
Marktplatz 34, tel. 02673 14 37, www.hotel-gute-quelle.de, half mrt.-half nov. dag. 11.30-20.30 uur, vanaf € 10,50

● Fietsverhuur
Herbert Nahlen verhuurt fietsen voor tochtjes langs de Moezel (geen e-bikes).
Bachstr. 47, tel. 02673 18 40, www.fahrradverleih-in-beilstein.de, dag. 9-12 uur, vanaf € 9 per dag

Beilstein is het decor geweest van een hele reeks populaire Duitse films. In de jaren dertig werden hier *Wenn wir alle Engel wären* met Heinz Rühmann en *Das Verlegenheitskind* met Ida Wüst opgenomen. In de jaren vijftig was het de beurt van de Zuckmayer-verfilmingen *Der fröhliche Weinberg* met Gustav Knuth en *Der Schinderhannes* met Curd Jürgens en in 1960 voor de klucht *Der wahre Jakob* met Willy Millowitsch.

● Wandeling met gids
In het hoogseizoen verzorgt Rainer Vitz elke zaterdag om 14.30 uur en elke zondag om 10.30 uur een wandeling door Beilstein. Onderweg vertelt hij over de 'kleine lieden' en het leven dat ze in vroeger tijden aan de Moezel leidden. Verzamelen op de Marktplatz.
Tel. 02673 90 00 50, www.beilstein-stadtfuehrung.de, reserveren aan te bevelen

IN DE OMGEVING

Zin in cultuur?
Cultuurliefhebbers vinden in Senheim-Senhals (G 3) een **beeldenpark** met werken van de plaatselijke kunstenaar Christoph Anders en veel van zijn collega's. De beelden zijn gewijd aan de thema's natuur en mens. Hoog in de wijnbergen is er ook nog een **literair pad**.

Ediger-Eller G 3

Het is alweer een paar jaar geleden, maar Ediger-Eller pronkt nog altijd graag met een in 2010 verworven titel: in de wedstrijd 'ons dorp heeft toekomst' werd het mooie plaatsje (1100 inwoners)

Pure nostalgie – koffiemolens in Beilstein

Wie op internet naar een 'koffiemolenmuseum' zoekt, belandt al snel bij Klapperburg in Beilstein. En dat terwijl het niet eens een museum is, maar een café. De tentoongestelde molens kun je op je gemakje bekijken onder het genot van een kopje koffie of thee.

Bij de laatste keer tellen waren het op de kop af 549 koffiemolens die in de helemaal niet zo grote vertrekken van **café Klapperburg** ❶ staan. Een tijdlang heeft Elke Götz zelfs heel nauwkeurig elke koffiemolen en de herkomst ervan gedocumenteerd. De hartelijke en sympathieke uitbaatster, met wie je voor je het weet over koetjes en kalfjes zit te praten, besteedt veel tijd aan haar verzameling. Telkens weer worden de koffiemolens verplaatst, opnieuw gesorteerd en opgepakt, waarbij ze bij sommige eventjes in een herinnering zwelgt.

Cadeaus van gasten

Zo precies als ze de vraag naar het aantal molens kan beantwoorden, zo snel kan Elke Götz ook zeggen welke haar lievelingskoffiemolen is. 'Deze hier,' zegt ze en ze schuift het kleine laatje van het apparaat open. Er ligt een briefje in waarop het jaartal 1990 staat. Een oude dame heeft het haar destijds cadeau gedaan. Steeds weer halen gasten van het bijbehorende pension een koffiemolen uit hun koffer. 'Dat is toch geweldig,' zegt Elke Götz, terwijl ze op die woorden een ongelovig glimlachje laat volgen, 'dat mensen naar de Moezel reizen en voor hun gastvrouw een koffiemolen inpakken.'

Molens in plaats van bloemen

In veertig jaar tijd heeft het nieuws zich verspreid dat in Beilstein, op een paar minuten lopen van de drukte op straat, een plek is waar je je kunt overgeven aan pure nostalgie. Het verhaal begint

Het is haast niet te geloven, maar in café Klapperburg wordt de koffie niet met de hand gemalen. De eigenaresse heeft een bistro-apparaat voor gemalen koffie.

In café Klapperburg zijn allerlei modellen koffiemolens bijeengebracht – van exemplaren van porselein ...

in 1977. 'Mijn moeder heeft het huis als pension gekocht,' vertelt Elke Götz. 'Maar omdat er destijds maar één café was in Beilstein, heeft ze er nog eentje bij gemaakt.' Voor de opening van dat café kreeg haar moeder geen bloemen, maar haar eerste koffiemolen. Andere volgden, voor haar verjaardag, als kerstcadeau. Op een gegeven moment ging ze zelf op zoek naar nieuwe koffiemolens in krantenadvertenties, op vlooienmarkten en bij woningontruimingen. Later kocht haar dochter er ook nog een paar via internet.

Nog een beetje ruimte

... tot exemplaren van hout.

Koffiemolens van hout en porselein, koffiemolens die door kinderen met bloemetjes zijn beschilderd, koffiemolenmagneten en piepkleine koffiemolentjes voor in de letterbak – tijdens een bezichtiging ontdek je mooie, grappige en wonderlijke dingen. Eigenlijk wil Elke Götz de verzameling niet meer uitbreiden. Er is nog wel een beetje ruimte aan de muren, maar veel koffiekannetjes en -kopjes moeten ook nog ergens een plekje krijgen. En als geschoold banketbakker vindt Elke Götz bakvormen in miniatuurformaat op dit moment heel erg interessant.

INFO EN OPENINGSTIJDEN
Café Klapperburg ❶: Bachstr. 33, tel. 02673 14 17, Beilstein, www.klapperburg.de, apr.-okt. di.-zo. 10-18 uur. In de winter kan de verzameling koffiemolens op afspraak worden bezichtigd.

ETEN EN DRINKEN
Bij een bezoek aan **café Klapperburg** is het culinaire minstens zo belangrijk als het nostalgische. De eigenaresse biedt zelfgemaakt gebak aan en ertegenover serveert haar dochter in de bistro stevige gerechten als *Flammkuchen* – maar dan wel zonder koffiemolenverzameling.

Uitneembare kaart: G 3

Koblenz en de Beneden-Moezel ▶ Ediger-Eller

Op het terras van Springiersbacher Hof zit je haast in de wijngaarden te eten, zo dichtbij staan de wijnstokken. Dat is ook te merken aan de gerechten die worden opgediend, zoals een Winzersteak en een rieslingsoepje.

onderscheiden met de gouden medaille. Al tientallen jaren spant Ediger-Eller zich in om de historische panden te behouden en aantrekkelijk te zijn voor de gasten.

Kerk, kapel, klooster
Tijdens een rondwandeling langs religieuze bouwwerken krijg je een mooie indruk van het tweelingdorp – waarvan Ediger veruit het mooist is – en zijn geschiedenis. Op Rathausstraße 1 staat de vroegere **synagoge**, die na een restauratie van zeven jaar nu dienstdoet als het 'Huis der Psalmen'. De weg van de mooie laatgotische, katholieke **parochiekerk St. Martin** in Ediger naar de **kruiskapel** tussen de wijngaarden is de op twee na oudste kruisweg van Duitsland. In de kapel bevindt zich het stenen reliëf *Christus in de druivenpers*. Wie geïnteresseerd is in religie kan hierna nog een uitstapje maken naar de **kloosterruïne Stuben**. Dat kan ook al wandelend, want de (pittige) 16e etappe van de **Moselsteig** (▶ blz. 90) van het nabijgelegen Bremm naar Ediger-Eller loopt erlangs.

🏠 Tussen historische muren
Templerhof
Naast hun eigen woning verhuurt de familie Probst drie moderne vakantiewoningen in het oudste gebouw van Ediger uit 1424.
Oberbachstr. 10, tel. 02675 12 05, www.templerhof-ediger.de, vanaf € 438 per week

🍴 Eten bij de wijnboer
Springiersbacher Hof
Winzersteak, gebakken geitenkaas of rieslingcrèmesoep – in het café en het restaurant van het wijnhuis Borchert worden zowel stevige als verfijnde gerechten bereid. Ook een goed adres voor koffie met gebak.
Oberbachstr. 30, tel. 02675 15 60, www.ediger-mosel.de, Pasen-juli wo.-zo., aug.-okt. wo.-ma. vanaf 12 uur, vanaf € 11,30

⛳ Golf
Het terrein van **golfclub Cochem/Mosel** ligt tussen de beide dorpen op een plateau in de heuvels. Je vindt hier een 9-holes- en een 18-holesbaan.
Am Kellerborn 2, tel. 02675 91 15 11, www.golf-club-mosel.de

Koblenz en de Beneden-Moezel ▶ Zell

IN DE OMGEVING

Lange geschiedenis
Vanuit Alf gaat het bergopwaarts naar de ruim duizend jaar oude **burcht Arras** (📕 G 3), waar tegenwoordig een museum, een hotel en een restaurant zijn gevestigd. De eigenaren zijn familie van de vroegere bondspresident Heinrich Lübke. Een deel van diens nalatenschap staat in een speciale gedenkruimte. Vanuit de toren heb je een prachtig uitzicht. Wittlicher Str. 1, Alf, tel. 06542 222 75, www.arras.de

Heilzaam
Op ongeveer 20 km van Ediger-Eller ligt in de Eifel het vooral vanwege zijn geneeskrachtige bronnen bekende kuuroord **Bad Bertrich** (📕 F 3). De Vulkaneifel Therme met het grote saunalandschap maakt gebruik van de enige warmwaterbron met glauberzout in Duitsland. Ook in de Römerkessel, het eerste landschapstherapeutische park van Europa, wordt ontspannen met een hoofdletter geschreven.

Zell 📕 G 3

De 'Zeller Schwarze Katz' is over de hele wereld bekend, maar de wijnkaarten waarop de wijn staat heeft waarschijnlijk niemand ooit geteld. Hetzelfde geldt voor de wijnstokken rondom Zell (4000 inwoners). Het enige wat vaststaat is dat het stadje met naar schatting 4 miljoen wijnstokken en ongeveer 400 ha wijngaarden een van de grootste wijnbouwgemeenten aan de Moezel is.

Toerisme
Zell is ook een van de hotspots voor toeristen. 's Ochtends maken ze zich op voor een fietstocht of een wandeling, 's middags slenteren ze door het mooie voetgangersgebied en 's avonds genieten ze op de Moezelpromenade van het uitzicht op de scherpste bocht van de rivier: de **Zeller Hamm**.

Onderdompelen in de geschiedenis
De geschiedenis van het stadje Zell gaat terug tot de tijd van de Romeinen en de Kelten. Het nog niet zolang geleden nieuw vormgegeven **Wein- und Heimatmuseum** is gewijd aan dat lange tijdperk en richt zich in het bijzonder op de economische geschiedenis van het stadje. De belangrijkste bedrijfstak is natuurlijk sinds lange tijd de wijnbouw. Zo kun je hier onder andere de voor de steile hellingen benodigde werktuigen van wijnboeren en oude houten vaten bekijken. En wist je dat in Zell vroeger in zestien fabrieken sigaren werden gerold en sigaretten van het merk Overstolz werden geproduceerd? Balduinstr. 44, tel. 06542 969 60, www.zell-mosel.com, wo., vr., za. 14-17 uur, toegang gratis

🛏 (Keur-)vorstelijk overnachten
Hotel Schloss
Dit indrukwekkende pand met zijn twee karakteristieke torens is in de 14e eeuw in opdracht van keurvorst Balduin gebouwd en in de daaropvolgende eeuwen meerdere keren verbouwd. Tegenwoordig is het (weer) een plek waar gasten worden verwelkomd. Het verschil met 1521 en 1847, toen keizer Maximiliaan en Frederik Willem IV hier overnachtten, is dat de kamers beschikken over wifi en televisie en dat er een

---

STEILE BOCHTEN

Samen met Bremm en Neef vormt Ediger-Eller de **regio Calmont** (📕 G 3). Alle drie liggen ze aan de voet van de steilste wijnberg van Europa en aan de beroemdste van de vele **Moezelbochten**. Vanaf hier zijn de **Calmont-Klettersteig** en de **Calmont-Höhenweg** binnen handbereik. In 2014 werd de regio tweede in de strijd om de Europese Dorpsvernieuwingsprijs (info: toeristenbureau regio Mosel-Calmont, Pelzerstr. 1, tel. 02675 13 44).

Koblenz en de Beneden-Moezel ▶ Zell

MIAUW!

Het zou zich hebben afgespeeld in het jaar 1863: drie wijnhandelaren uit Aken waren op bezoek bij een wijnboer in Zell en konden maar niet beslissen welk van de drie vaten ze moesten nemen. De zwarte kat van de familie ging blazend op een van de vaten zitten en maakte zo de keuze voor hen. Hiermee was ook de nieuwe naam van de **Zeller wijngaard** een feit. In het stadje vind je een **bron** en een **sculptuur** ter ere van het dier.

royaal ontbijtbuffet wordt geserveerd. In het bijbehorende restaurant komen streekgerechten en -wijnen op tafel.
Schloßstr. 8a, tel. 06542 988 60, www.schloss zell.de, 2 pk vanaf € 105

🍴 Mooi uitzicht op de Moezel
Zum Alten Bahnhof
In dit mooie stationsgebouw uit 1905, waar tot 1962 de treinen op de Moseltalbahn stopten, heeft de familie Lehmen in 2004 een restaurant geopend. Je eet hier eenvoudige specialiteiten, van *Deppekoche* (een aardappelschotel) tot hert.
Bij de voetgangersbrug, tel. 06542 56 34, www.weingut-lehmen.de, mei-okt. di.-zo. vanaf 11.30 (keuken 12-14.30, 18-21.30), nov.-derde adventzondag en Witte Donderdag-30 apr. do.-za. vanaf 18, zo. vanaf 11.30 uur, vanaf € 5

🧗 Klettersteig Collis
Wie het heeft gered, wordt boven beloond met een fantastisch uitzicht op de **Zeller Hamm**, maar de klimroute naar de Collistoren is niet eenvoudig en alleen aan te bevelen voor geoefende klimmers en mensen zonder hoogtevrees. De *Klettersteig* begint op de Kabertchenweg. Op het eerste gedeelte gaat het met behulp van beugels langs hoge rotswanden omhoog. Als je ook het tweede traject hebt bedwongen, kun je voordat je aan de afdaling begint hoog boven de wijngaarden een kop koffie of een glas wijn drinken (za., zo. 11-17 uur).

ℹ️ Info en evenementen
Toeristenbureau: Zeller Land Tourismus, Balduinstr. 44, tel. 06542 962 20, apr. ma.-vr. 9-17, mei-juli ma.-vr. 9-17, za. 10-13, aug.-okt. ma.-vr. 9-18, za. 10-15, nov.-mrt. ma.-do. 9-12.30, 13.30-16.30, vr. 9-13 uur.
Zeller Schwarze Katz Festival: laatste zo. van apr. Kraampjes met wijn en eten langs mooie wandelpaden door de wijngaarden.
Weinfest der Zeller Schwarze Katz: laatste weekend van juni. Groot feest met optocht, livemuziek en amusementsprogramma.

IN DE OMGEVING

Wie het heeft bedacht? De 'Zeller Schwarze Katz' natuurlijk!

Avontuurlijk
Op 3 oktober 2015 werd tussen Mörsdorf en Sosberg in de Hunsrück, op ongeveer 20 km van Zell, de **hangbrug Geierlay** (📖 H 3) opengesteld, die sindsdien een magneet voor bezoekers is. Met een lengte van 360 m was hij bij opening de langste brug in zijn soort in Duitsland. De brug hangt 100 m boven de bodem. Een wandelingetje erover is gratis, maar om het onderhoud te financieren, heft de gemeente Mörsdorf wel parkeergeld (www.geierlay.de).

Middeleeuws
Wie geïnteresseerd is in middeleeuwse burchtruïnes kan in de Hunsrück zijn

hart ophalen, want die streek telt er ongeveer zestig. Een bijzondere is de **burcht Kastellaun** (📕 H/J 3). Deze ruïne van de vroegere residentie van de graven van Sponheim staat midden in de kern van het stadje Kastellaun op een steile rots. In het 'Haus der regionalen Geschichte' in het lagergelegen gedeelte van de burcht vind je informatie over de ontwikkeling van het stadje van de prehistorie tot en met de Koude Oorlog. Kinderen mogen hier ridder en burchtvrouwe spelen. Ook de taveerne in de kelder ademt de sfeer van de middeleeuwen. Elke avond kun je hier aanschuiven voor een maaltijd in stijl.

Schlossstr. 13, tel. 06762 40 72 14, www.kastel laun.de, mrt.-okt. do.-zo., feestdagen 12-17 uur, € 2,50, 10-18 jaar € 1, gezinskaart € 5; taveerne: tel. 06762 96 32 38, www.taverne-kastel laun.de, wo.-vr. vanaf 17, za., zo. vanaf 11 uur

Pünderich 📕 G 3

Met circa 900 inwoners behoort Pünderich tot de kleinere dorpen aan de Moezel. Daar hoeft het zich evenwel niet voor te schamen, want ook hier staan de bezoeker vakwerkhuizen, smalle straatjes en schilderachtige uitzichten op de rivier te wachten.

Van het uitzicht genieten

Hoog boven het dorp ligt op de Petersberg de **Marienburg**, de heerlijk romantische ruïne van het vroegere augustinessenklooster. Het klooster werd in de 12e eeuw gebouwd en in 1515 opgeheven. Daarna had de burcht een aaneenschakeling van eigenaren, die het bouwwerk voor verschillende sacrale en wereldlijke doeleinden gebruikten en soms ook lieten vervallen. Als laatste had het bisdom Trier er een vormingscentrum voor de jeugd ondergebracht en nu is er nog een 'kerk voor de jeugd' gevestigd. Het uitzicht vanaf boven op de Zeller Hamm is werkelijk fenomenaal.

🛏 Een slaapplaats in een vat
Campingplatz Marienburg

Zeventig staanplaatsen voor tenten, caravans en campers, aanlegplaatsen voor boten, een snackbar, een mooie locatie aan het water, een bakker op een steenworp afstand en de nabijheid van de veerboot – dat is wat deze kleine camping allemaal te bieden heeft. Hier kun je ook kennismaken met de nieuwste trend aan de Moezel: overnachten in een vat.

Moselallee 3, tel. 06542 96 92 42, www.cam pingplatz-marienburg.eu, staanplaats voor tent vanaf € 12, voor camper vanaf € 17

🍴 Moderne twist
Hotel-Weinhaus Lenz

Johannes Lenz is de derde generatie die de scepter zwaait over dit zestig jaar oude hotel en restaurant Zum Lenze Hennes, waar hij ook nog de chef-kok is. Hier voorziet hij de stevige Moezelgerechten van nieuwe ideeën en ingrediënten. Met als resultaat bijvoorbeeld een rodebietensoep met strudel van bloedworst en tortelloni met spinazie en ricotta in een riesling-parmezaansaus.

Hauptstr. 31, tel. 06542 23 50, www.weinhotel-lenz.de, vr.-ma. 12-14, vr.-wo. 17-21.30 uur, vanaf € 9,50

ℹ Info en evenementen
Toeristenbureau: Raiffeisenstr. 3, tel. 06542 90 00 21, www.puenderich.de, mei-okt. ma.-vr. 9.15-12 uur.
Straßenweinfest: in het weekend na Hemelvaart en in het derde weekend van sept. openen wijnhuizen hun deuren.

Pünderich was altijd het beginpunt van de fietsdag 'Happy Mosel', maar na 25 jaar werd die in 2017 voor het laatst georganiseerd. Het evenement trok steeds minder deelnemers, maar inmiddels kun je dan ook overal langs de Moezel het hele jaar door heerlijk fietsen.

De Midden-Moezel

In deze regionen geeft de Moezel flink gas wat betreft romantiek: de rivier meandert elegant en speels langs wijngaarden en maakt grillige bochten. Stap op de fiets of in de Moselweinbahn, trek je wandelschoenen aan of ga het water op. Hoe je dit landschap ook gaat verkennen, elk perspectief heeft zijn charme. En mocht je onderweg een culinair of cultureel uitstapje willen maken, beide wachten simpelweg langs de kant van de weg.

De Midden-Moezel ▶ Enkirch

Enkirch 📖 G 4

Tot in de 19e eeuw was Enkirch belangrijker dan de nabijgelegen plaatsen Traben en Trarbach. Hoogtepunten in het 1500 zielen tellende dorp zijn de vakwerkhuizen en de voormalige wijnboerderijen.

Liefde voor de geboortestreek
Enkirch is de 'schatkamer van de vakwerkbouw in het Rijnland'. In een van de mooiste huizen uit de 16e eeuw neemt het **Heimatstuben Museum** bezoekers mee op een reis naar vroeger tijden (Weingasse 20, tel. 06541 92 56, in het hoogseizoen vr., za. 17-19, zo. 11-12 uur, toegang tegen een donatie).

🍷 Cultkroeg
TOM'S
Sinds jaar en dag is 'Der TOM' een instituut in Enkirch. Het geboden entertainment is veelzijdig: concerten in de kelder, tafelvoetbal, bord- en dobbelspelletjes, flauwekul met de uitbater …
Weingasse 12, tel. 06541 81 07 00, www.t-o-m-s.de, do.-za. vanaf 20, zo. vanaf 19 uur

🐦 Vogels kijken
Tijdens een wandeling op het **educatieve vogelpad** aan de rand van Enkirch richting Schocker Kopf kun je vogels observeren (neem een verrekijker mee!) en allerlei wetenswaardigheden over de vogelwereld van deze streek opdoen.

🍇 Doe-het-zelven met wijn
Natuurlijk, je kunt de Enkircher wijn simpelweg drinken, maar je kunt ook een handje meehelpen bij de wijnbouw door te proberen het zogeheten **Wingert-Diplom** te behalen, hoewel je daarvoor dan wel binnen vier jaar vier keer naar Enkirch moet. Op vier halve dagen in alle vier de seizoenen komen de deelnemers samen bij 'hun' wijnboer om te leren wat er zoal komt kijken bij de wijnbouw. Deze mogelijkheid is uniek in Duitsland. Info bij het toeristenbureau van Enkirch (tel. 06541 92 65, www.enkirch.de).

IN DE OMGEVING

Dorp en ruïne
Boven Enkirch liggen de **Starkenburg** (📖 G 4) en het gelijknamige plaatsje. Vanaf de ruïne heb je een prachtig uitzicht over het dal. Een voorloper van de Starkenburg werd al in de Romeinse tijd gebouwd, waarna de graven van Sponheim die van 1125 tot 1350 als residentie gebruikten. In de 14e eeuw liet gravin Loretta de Luxemburgse keurvorst Balduin kidnappen en vasthouden op de burcht – een van de spannendste twisten in de late middeleeuwen.

Traben-Trarbach

📖 F/G 4, plattegrond ▶ blz. 48

Dit stadje was rond de overgang van de 19e naar de 20 eeuw na Bordeaux de grootste overslagplaats van wijn in Europa. Traben en Trarbach, in 1904 verenigd, beleefden toen hun bloeitijd. Die welvaart is nog van het huidige stadsbeeld af te lezen: Traben-Trarbach is beroemd om de jugendstilarchitectuur. En het is er wat minder druk dan in het nabijgelegen Bernkastel-Kues.

BEZIENSWAARDIGHEDEN

Symbool
Wie te voet over de brug van Trarbach (aan de Hunsrückkant van de Moezel) naar Traben (aan de Eifelkant) gaat, passeert het symbool van het stadje: de **Brückentor** [1]. Samen met de ijzeren boogbrug, die in 1945 is opgeblazen, was dit de eerste opdracht van het stadje aan architect Bruno Möhring – andere zouden volgen. Möhring versierde de poort met elementen van de jugendstil en het historisme. Het café Brücken-Schenke in de poort staat jammer genoeg al jaren leeg.

De Midden-Moezel ▶ Traben-Trarbach

Vive la belle époque

Aan de andere kant van de Moezel staan in Traben nog meer prachtige jugendstilpanden, zoals **Villa Hüsgen** 2 (An der Mosel 46), een fraai huis annex wijngoed. Het in jugendstil uitgevoerde proeflokaal is regelmatig het decor van proeverijen (info op www.villahuesgen.com). Bezienswaardig zijn ook **Villa Nollen** 3 (de vroegere Villa Breucker) en het **Romantik Jugendstilhotel Bellevue** 1 aan de oever van de Moezel. Aan de kant van Trarbach ligt de vroegere **Weinkellerei Julius Kayser**, eveneens een werk van Möhring, waar tegenwoordig het **Buddha-Museum** 4 (▶ blz. 50) is ondergebracht. Er wordt ook een stadswandeling door Traben-Trarbach georganiseerd: 'in het spoor van de belle époque' (Pasen-eind okt., eerste zo. van de maand 11 uur, verzamelen bij het toeristenbureau van Traben-Trarbach, € 5, kinderen gratis).

Naar het dak van de stad

Drie burchten hoog boven Traben-Trarbach hebben interessante verhalen te vertellen. De **Grevenburg** 5 aan de Hunsrückkant was een residentie van de graven van Sponheim en altijd weer het toneel van militaire confrontaties. Van de **Starkenburg** 6 (▶ blz. 46), eveneens aan de Hunsrückkant gelegen, is maar weinig overgebleven, maar vanaf deze plek heb je wel een fantastisch uitzicht over het Moezeldal. Ook van de aan de Eifelkant gelegen **vesting Mont Royal** 7, die gebouwd is in opdracht van Zonnekoning Lodewijk XIV, resteert niet al teveel. Wie meer wil weten over de geschiedenis van de burchten moet een bezoek brengen aan het Mittelmosel-Museum of deelnemen aan een rondleiding.

> **H HISTORIE**
>
> De inwoners van Traben-Trarbach hebben veel hoogte- en dieptepunten beleefd. Een hoogtepunt: Traben en Trarbach behoorden eind 19e eeuw tot de eerste plaatsen die elektrische straatverlichting kregen. Een dieptepunt: bij een grote brand in de zomer van 1857 werd Trarbach vrijwel volledig in de as gelegd.

De Berlijnse architect Bruno Möhring bracht de jugendstil naar Traben-Trarbach. De Brückentor is een van zijn meesterwerken, waarvan hij er verscheidene in het Moezelstadje heeft achtergelaten.

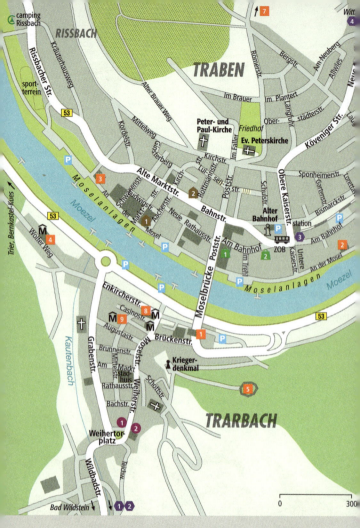

TRABEN-TRARBACH

Bezienswaardig
1. Brückentor
2. Villa Hüsgen
3. Villa Nollen
4. Buddha-Museum
5. Grevenburg
6. Starkenburg
7. Vesting Mont Royal
8. Mittelmosel-Museum
9. Haus der Ikonen

Overnachten
1. Romantik Jugendstilhotel Bellevue
2. Trabener Hof

Eten en drinken
1. Weingut Caspari
2. Historische Stadtmühle

Winkelen
1. Piccolo
2. Weingut Axel Emert

Sport en activiteiten
1. Moseltherme
2. Midgetgolfcomplex
3. Moselweinbahn
4. Start-/landingsbaan zweefvlieguigen

MUSEA

Bewogen verleden
In een prachtig patriciërshuis – het Haus Böcking – uit 1755 is het **Mittelmosel-Museum** [8] gevestigd, dat vele tijdperken tot leven brengt: het plattelandsleven in de 19e eeuw, de geschiedenis van het stadje Traben-Trarbach, de Starkenburg, de Grevenburg en de vesting Mont Royal, de tijd van de Romeinen en de Franken, en het werk van de stedelijke gilden. De permanente tentoonstelling is verdeeld over meer dan twintig zalen.
Casinostr. 2, tel. 06541 94 80, Pasen-okt. di.-zo. 10-17 uur, € 2,50, scholieren € 1

Oude tradities
Haus der Ikonen [9]
De Russische iconograaf Alexej Saveljev heeft lange tijd in Traben-Trarbach gewoond, waar hij in 1983 het 'Lebende Ikonenzentrum' opzette. Na zijn dood in 1996 werd het centrum naar hem genoemd, en in 2004 verkaste het naar zijn huidige locatie. De 'moderne iconen' van de school van Novgorod laten de bezoekers kennismaken met de wereld van de iconografie. Er wordt uitgelegd welke rol iconen – die veel meer zijn dan alleen maar afbeeldingen van heiligen – in de christelijke cultuur spelen en wat ze betekenen.
Mittelstr. 8, tel. 06541 81 24 08, www.haus-der-ikonen.de, Palmzondag-okt. di.-zo. 10-17, nov.-Palmzondag za., zo. 10-17 uur, € 2, 11-17 jaar € 0,50

ETEN, SHOPPEN, SLAPEN

🏠 Overnachten

Genieten met al je zintuigen
Romantik Jugendstilhotel Bellevue
Het Bellevue, een van de beste hotels van het stadje, is ontworpen door architect Bruno Möhring en in 1903 voltooid. Wie hier incheckt, schaart

Het Bellevue biedt niet alleen het 'mooie uitzicht' dat de naam belooft, het is zelf ook een lust voor het oog.

zich in een rijtje illustere namen. Tot de vaste gasten behoorden ooit gevechtspiloot Manfred Albrecht Freiherr von Richthofen, de graaf van Anhalt en acteur Heinz Rühmann. Mooi wellnesscentrum en uitstekend restaurant.
An der Mosel 11, tel. 06541 70 30, www.bellevue-hotel.de, 2 pk vanaf € 150

Harmonieus en hartelijk
Trabener Hof
Dit boetiekhotel bestaat al ruim een eeuw en verrast met een modern en elegant interieur. De nieuwe eigenaren hebben het een paar jaar geleden volledig gerenoveerd en 32 verschillend ingerichte kamers gecreëerd.
Bahnstr. 25, tel. 06541 700 80, www.trabener-hof.de, 2 pk vanaf € 99

🍴 Eten en drinken

Gezelligheid
Weingut Caspari ❶
Het proeflokaal van het wijnhuis Caspari is een van de mooiste in de wijde omgeving. In de zomer kun je hier heerlijk op het prachtige terras zitten

Een plek van rust – **het Buddha-Museum Traben-Trarbach**

Wist je dat je aan de Moezel Boeddha kunt tegenkomen? En dan ook nog in tweeduizend verschillende uitvoeringen? Zo veel beelden van de glimlachende Indiase prins staan er in een tot museum omgebouwde sektkelder – een magneet voor boeddhisten uit de hele wereld.

Gedempte muziek begeleidt de bezoekers bij een rondgang door de ruimten. Buiten kabbelt de Moezel rustig voort. De beelden en de rivier zijn alleen gescheiden door ramen tot aan de grond en, toegegeven, een drukke weg. Maar het verkeerslawaai blijft buiten. Het **Buddha-Museum** 4 is een plek van rust en voor sommige mensen ook een plek van bezinning.

Boeddha in een jugendstilgebouw

Dat hij belangstelling had voor spirituele zaken, toonde de eigenaar van de beelden – onderne-

De kleuren, het licht, de muziek – in het Buddha-Museum kun je gewoonweg niets anders dan ontspannen.

Buddha-Museum Traben-Trarbach #5

mer Wolfgang Preuß uit Traben-Trarbach – al ruim 25 jaar geleden aan. In 1993 stichtte hij zo'n 2 km ten zuiden van het stadje het **Ayurveda-Parkschlösschen**, een vijfsterrenhotel dat gespecialiseerd is in de ayurvedische reinigingskuur panchakarma. Bovendien kocht de boeddhist zijn eerste Boeddhabeelden. De verzameling groeide en groeide en groeide. Toen in 2008 de pachtovereenkomst met de sektkelder in zijn gebouw aan de Moezel afliep, besloot Preuß dat hij zijn collectie openbaar zou maken. De verbouwing van het jugendstilgebouw, een ontwerp van architect Möhrung, kostte hem miljoenen.

Vier millimeter tot vijf meter

De verzameling is niet geënt op één bepaalde boeddhistische stroming, maar beslaat de drie hoofdrichtingen van het boeddhisme: het theravada-boeddhisme, het mahayana-boeddhisme en het vajrayana-boeddhisme. Er zijn niet alleen beelden van Boeddha, maar ook van bodhisattva's. Door de grote verscheidenheid zou de collectie wel eens uniek kunnen zijn, in elk geval in Europa. De objecten komen uit alle Aziatische landen, van Cambodja tot Myanmar. Er zijn Chinese Boeddhabeelden van porselein en heel sobere Thaise varianten van grijs steen. De afmetingen variëren van 4 mm tot 5 m – die laatste staat op een binnenplaats. Eén ding hebben alle beelden gemeen: de vreedzame blik, het milde glimlachje en de ogen die niet meer zijn dan spleetjes. In zichzelf rustend, maar niet helemaal onttrokken aan de wereld.

Stevige entreeprijs

Je doet er verstandig aan om flink wat tijd uit te trekken voor het museum, de beelden en de films die worden vertoond – de tentoonstelling beslaat een oppervlakte van circa 4000 m² en om daar nou doorheen te jakkeren is niet bepaald boeddhistisch. En bovendien is de toegangsprijs van € 15 beslist fiks te noemen. Welke waarde de verzameling overigens vertegenwoordigt – die vraag wil de directie van het museum niet beantwoorden.

K KOFFIE

Cafeïneliefhebbers opgelet: in het **Ayurveda-Parkschlösschen** van de boeddhaverzamelaar kun je geen koffie krijgen – en overigens ook geen alcohol.

INFO EN OPENINGSTIJDEN
Buddha-Museum 4 :
Bruno-Möhring-Platz 1, tel. 06541 816 51 80, www.buddha-museum.de, di.-zo. 10-18 uur, € 15, senioren € 13,50, scholieren/studenten € 8, 6-14 jaar € 7,50. Parkeerplaatsen voor het museum.

ETEN EN DRINKEN
In het museum kun je alleen iets drinken (ook koffie!). Bij mooi weer is het aan te bevelen je drankje mee te nemen naar het dakterras, dat een prachtig uitzicht op de Moezel biedt. Je kunt tussendoor een hapje gaan eten in het centrum van Trarbach, want de toegangskaarten zijn de hele dag geldig.

Uitneembare kaart: F/G 4 | **Plattegrond:** ▶ blz. 48

De Midden-Moezel ▶ Traben-Trarbach

en bij wat lagere temperaturen binnen. Behalve wijn worden ook streekspecialiteiten zoals *Tresterfleisch auf Gräwes* (zie blz. 10) geserveerd.
Weiherstr. 18, tel. 06541 57 78, www.weingut-caspari.de, ma.-vr. vanaf 17, za. vanaf 11 uur, vanaf ca. € 8

Bij de bron voor de poort
Historische Stadtmühle ❷
In deze historische molen uit ongeveer 1680 eet je onder andere forel *Müllerin Art*, gebraad aan het spit en varkenswangetjes. Ook op de binnenplaats en op het terras voor het restaurant aan het mooiste plein van het stadje is het heerlijk zitten.
Weihertorplatz 1, tel. 06541 818 87 77, www.stadt-mühle.de, dag. 12-23.30 uur, vanaf ca. € 12

 Winkelen

Mode en kunst
Piccolo
Sinds 1983 verkoopt Ingrid Keller kleurrijke mode en sieraden in haar kleine boetiek. Haar man Kurt is schilder en zorgt voor bijpassende aquarellen. Een instituut in Traben-Trarbach.
Am Bahnhof 2, tel. 06541 45 55, www.boutique-piccolo.de, ma., di., vr. 9-19, do. 9-20, za. 9-14 uur

De kelder in
Weingut Axel Emert
De trots van deze wijnbouwersfamilie, die al acht generaties van de productie van wijn (vooral riesling) leeft, is de wijnkelder 'Vinorellum'. In dit oeroude keldergewelf vinden proeverijen, seminars en rondleidingen plaats.
Am Bahnhof 14a, tel. 06541 63 06, www.vinorellum.de, op afspraak

 Sport en activiteiten

Ontspannen
Moseltherme ❶
In de wijk Bad Wildstein lonkt het enige wellnesscentrum aan de Moezel met een warmwaterbad, sauna's en zwembaden. Na een duik in het tot wel 36 °C warme water, met uitzicht op de wijnbergen van Traben-Trarbach, zou ontspannen echt geen probleem meer moeten zijn.
Wildsteiner Weg 5, tel. 06541 830 30, www.moseltherme.de, ma. 14-21, di.-vr. 9-21, za., zo. 9-18 uur, sauna soms afwijkend, dagkaart € 14,50, 6-15 jaar € 9,50

Afslaan
Traben-Trarbach kan bogen op het oudste **midgetgolfcomplex** ❷ van Duitsland. Hier, vlak bij de Moseltherme, vond in 1955 het eerste Duits kampioenschap in die sport plaats.
Wildbadstr. 219, tel. 06541 69 47, www.mgctratra.de, eind mrt.-okt. ma.-vr. vanaf 12.30, za. vanaf 10.30, in de zomervakantie dag. vanaf 10.30 uur

Met de trein of lopend
De **Moselweinbahn** ❸ tussen Traben-Trarbach en Bullay rijdt door een prachtige omgeving. Sinds de herfst van 2016 kun je dit traject ook **wandelen**. De 12 km lange route voert langs in totaal negen uitkijkpunten vanwaar je de trein en het landschap kunt fotograferen. Natuurlijk kun je ook maar een deel van de route te voet afleggen en onderweg de trein nemen. Nadere informatie over de tarieven en de dienstregeling vind je op www.der-takt.de (zoek naar 'Moselweinbahn-Wanderweg').

Zweven
De Deutsch-Amerikanischer Segelflugclub (DASC) Traben-Trarbach heeft een **start- en landingsbaan** ❹ op de Mont Royal (www.moselflugplatz.de). Via tel. 06541 10 05 kun je een rondvlucht boeken.

Afdalen
Je kunt een rondleiding krijgen door de benedenwereld van Traben-Trarbach, waar zich een netwerk van tot wel 100 m lange gewelven uitstrekt (voor informatie kijk je op www.unterwelt-ausflug.de).

De Midden-Moezel ▶ Kröv

INFO

Toeristenbureau: Am Bahnhof 5, tel. 06541 839 80, www.traben-trarbach.de, apr.-aug. ma.-vr. 10-17, za. 9-13, sept.-okt. ma.-vr. 10-18, za. 9-13, nov.-feb. ma., di., do., vr. 11-15, mrt. ma.-vr. 10-16 uur.

Trein: het station in Traben is het begin- en eindpunt van de Moselweinbahn richting Bullay, waar je moet overstappen als je naar Trier wilt.

Jugendstilgevel in Traben-Trarbach

EVENEMENTEN

Motorbootrace: pinksterweekend. Na een lange pauze is dit traditionele sportevenement in 2014 weer nieuw leven ingeblazen. Het internationale deelnemersveld trekt duizenden bezoekers naar de oever van de Moezel.

Moselwein-Festival: tweede weekend van juli. Het grootste wijnfeest van het stadje, met wijn, eten, cultuur en vuurwerk.

Wein-Nachts-Markt: eind nov.-begin jan. Een van de nieuwste kerstmarkten aan de Moezel, in ondergrondse gewelven.

IN DE OMGEVING

Zonder de zeven geitjes

Wolf (F 4), dat in 1969 is ingelijfd door Traben-Trarbach, heeft het karakter van een zelfstandig dorp weten te bewaren. Het ligt aan de Hunsrückkant en is vooral bekend vanwege het **klooster Wolf**, een ruïne hoog boven op de Göckelsberg. De broederschap die daar in de 15e eeuw woonde, begon ook het Kirchengut Wolf, dat de wijnbouwersfamilie Boor nu als ecologisch wijnhuis exploiteert (www.kirchengut-wolf.de). De wijngaard strekt zich aan de voet van het klooster uit.

Kröv F 4

Dit centraal aan de Midden-Moezel gelegen plaatsje is vooral bekend om de wijnen met de wonderlijke naam 'Kröver Nacktarsch'. Ook is het een populaire reisbestemming: Kröv heeft evenveel inwoners als toeristenbedden – ongeveer 2500 – en leent zich goed als uitvalsbasis voor fietstochten, wandelingen en uitstapjes naar de Eifel.

Berg- en grafkapel

Kröv ligt aan een van de schilderachtige Moezelbochten en werd in 2016 vereeuwigd op een speciale postzegel. Het mooiste uitzicht op het plaatsje heb je vanuit de **bergkapel**, die hoog boven Kröv herinnert aan de verongelukte kinderen van August Wagner. Hij heeft de kapel in 1888 laten bouwen. Op Palmzondag wordt de kruisweg ernaartoe biddend afgelegd, de rest van het jaar kun je op je gemakje naar boven wandelen. Bij de mooie **grafkapel** in de

OVERIGENS

Een merkwaardige tekst op een grafsteen – 'Ik was een van jullie' – heeft decennialang voor irritatie gezorgd in Kröv. Het graf was van Baldur von Schirach, de leider van de nationaalsocialistische Reichsjugend, die zijn laatste levensjaren in Kröv doorbracht en hier in 1974 stierf. Zijn graf is in 2015 geruimd.

De Midden-Moezel ▶ Ürzig

wijngaarden – waar vroeger de graven van Kesselstatt werden bijgezet – begint een kort **educatief pad over de wijnbouw** (1,8 km). In het plaatsje zelf zijn er mooi vakwerk en oude wijnboerderijen te bewonderen.

🏠 Blijft in de familie
Staffelter Hof
In deze traditionele wijnboerderij verhuurt de familie Klein gastenverblijven en vakantiewoningen met mooie namen als *Tango, Salsa* en *Polka*. Wie hier rond Hemelvaart is, kan met Gundi en Gerd hun jaarlijkse feest meevieren.
Robert-Schuman-Str. 208, tel. 06541 37 08, www.staffelter-hof.de, 2 pk vanaf € 59

ℹ️ Info en evenementen
Toeristenbureau: Weinbrunnenhalle 'Kröver Nacktarsch', Moselweinstr. 35, tel. 06541 94 86, www.kroev.de, mei-okt. ma.-vr. 8-17, za. 9.30-11.30, nov.-apr. ma.-vr. 8-16 uur.
Mitternachtslauf: za. voor Pinksteren. Sportspektakel met randprogramma.
Internationales Trachtentreffen: eerste weekend van juli. Folklore, een drijvend toneel en een feestelijke optocht.

REUSACHTIG

Hij is niet over het hoofd te zien en elke keer dat ik de Midden-Moezel aandoe weer een stukje gegroeid: de **Hochmoselbrücke** (📖 F 4). Of je nu van mening bent dat dit een belangrijk infrastructureel project is of een horizon vervuilend gevaarte, de informatie in het **B50-Bürgerinformationszentrum** is beslist interessant (aan de B 53 tussen Ürzig en Kinheim, www.hochmoseluebergang.rlp.de, apr.-okt. di. 14-16, do. 14.30-16.30, za. 13-16, zo. 13.30-17.30 uur, toegang gratis). Op vrijdag om 14 uur beginnen hier rondleidingen over de bouwplaats (circa 2,5 uur, € 12, 7-15 jaar € 7).

IN DE OMGEVING

Voor alle zintuigen
Op ongeveer 30 km van Kröv ligt in het Salmtal in de Eifel het **cisterciënzerklooster Himmerod** (📖 D/E 3). Het klooster is in de 12e eeuw gebouwd en tot oktober 2017 hebben hier nog vijf monniken gewoond. Toen besloot de abt de orde te ontbinden. De uitgestrekte abdij omvat onder meer een museum, een boek- en kunsthandel en natuurlijk het gebruikelijke restaurant met groente en salade uit de kloostertuin. Men is vast van plan om dit allemaal voor het nageslacht te behouden (Abteistr. 3, Großlittgen, www.abteihimmerod.de).

Ürzig 📖 F 4

Dit dorpje komt knus over, maar minstens één keer per jaar gaat het er hier behoorlijk luidruchtig aan toe: tijdens het grote Harley & Wein Fest, waarvoor half augustus motorrijders uit de wijde omgeving op hun machines hiernaartoe komen om drie dagen lang feest te vieren.

Plaatselijke kruiden en specerijen
Vanuit de **kruidentuin**, een paar minuten zwoegen tegen de steile helling op, heb je een mooi uitzicht op het dorpje (en bovendien een sensationeel uitzicht op de nieuwe Hochmoselbrücke – zie hiernaast). Hier kun je tijdens een wandeling op de **Themenweg** allerlei wetenswaardigheden opdoen over geneeskrachtige en specerijplanten, en ook veel oude soorten bewonderen. De tuin is tot stand gekomen dankzij het wijnhuis Ürziger Würzgarten. Hiervandaan kun je beneden een gebouw zien met een opvallende gevel: dat is de Mönchhof, die in de jaren tachtig van de vorige eeuw als decor diende voor de Duitse serie *Moselbrück*. De serie was gewijd aan het leven op een wijnboerderij.

De Midden-Moezel ▶ Bernkastel-Kues

Wie vanuit Bernkastel-Kues te voet naar de burcht Landshut gaat, loopt door wijngaarden met uitzicht op de Moezel.

🍴 Tongstrelend
Oliver's Restaurant
In hotel Moselschild bereidt Oliver Probst traditionele gerechten als kalfslever of rumpsteak, maar dan wel in een modern jasje.
Hüwel 12-14, tel. 06532 939 30, www.moselschild.de, apr.-okt. wo.-ma. 12-14, 18-21 uur, in de winter afwijkende openingstijden, vanaf ca. € 15

IN DE OMGEVING

Aan de Hunsrückkant
Tegenover Ürzig aan de andere kant van de Moezel ligt het plaatsje **Zeltingen-Rachtig** (F 4), dat vooral bekendstaat om de operette *Zeltinger Himmelreich* die om de twee jaar op de Marktplatz wordt opgevoerd en waaraan heel veel inwoners hun medewerking verlenen. In het Zeltinger Hof kun je uitstekend eten. Zeltingen-Rachtig is de plaats aan de Moezel die het meest zal worden getroffen door de nieuwe Hochmoselbrücke. Het 7 km lange cultuurpad 'Von Kurköln zu den Deutschherren' biedt informatie over de geschiedenis van de plaats.

Bernkastel-Kues

F 4, plattegrond ▶ blz. 57

Romantische vakwerkbouw in het fraaie centrum, beroemde wijngaarden, het verhaal van een van de belangrijkste universeel geleerden uit de late middeleeuwen: het circa 7000 inwoners tellende stadje Bernkastel-Kues schaart zich niet zonder reden onder de populairste toeristenbestemmingen aan de Moezel. In het hoogseizoen en in de periode voor kerst is er vooral in het stadsdeel Bernkastel veel te doen. Kues scoort met name bij liefhebbers van wijn en geschiedenis.

BEZIENSWAARDIGHEDEN

Van bron naar bron
Het fraaie historische **centrum** is uitstekend bewaard gebleven en biedt enkele mooie vakwerkhuizen, zoals het stadhuis. Tijdens een wandeling langs

De Midden-Moezel ▶ Bernkastel-Kues

GENEZING

Het verhaal hoe de beroemde **wijngaard Bernkasteler Doctor**, de duurste van Duitsland, aan zijn naam is gekomen, is waarschijnlijk te mooi om waar te zijn. Tijdens zijn bezoek aan de burcht Landshut in 1360 zou keurvorst Boemund II uit Trier ernstig ziek zijn geworden. Er was geen medicijn dat hielp, maar toen hij een slok van de wijn uit Bernkastel had genomen, was hij volgens de legende zo weer op de been. 'Dat is de ware dokter!' zou hij hebben uitgeroepen.

de bronnen van Bernkastel-Kues kun je iets over het stadje en zijn geschiedenis leren. Een goed beginpunt is de middeleeuwse **Marktplatz** met de **St.-Michaels-Brunnen** 1. De beschermheilige van Bernkastel-Kues staat op een bol, die op zijn beurt op een zandstenen zuil rust. Vanaf hier gaat het verder naar de Karlsbader Platz, waar een geschenk van de Tsjechische partnerstad te bewonderen is: de **Karlsbader Brunnen** 2, een werk van kunstenaar Jan Kotek. Als laatste loop je naar de **Bärenbrunnen** 3 in de Graacher Straße. Deze is in 1968 gemaakt door beeldhouwer Hanns Scherl, ter ere van het wapendier van Bernkastel.

Naar boven kijken ...
Er is vrijwel geen bezoeker die hier niet zijn camera tevoorschijn haalt: het opvallendste gebouw in het centrum van Bernkastel is het **Spitzhäuschen** 4 aan de Marktplatz. Wie zijn blik over de gevel omhoog laat glijden, ziet de bijzonderheid: de eerste en tweede verdieping zijn breder dan de begane grond. Het huisje dateert uit 1416 en de middeleeuwse bouwers zouden grondbelasting hebben willen besparen, die destijds alleen over de bebouwde oppervlakte werd berekend. Het Spitzhäuschen is al tientallen jaren lang in eigendom van de wijnbouwersfamilie Schmitz-Herges, die er een leuke *Weinstube* runt (tel. 06531 16 00, www.spitzhaeuschen.de).

... en naar boven rijden
Hoog boven het stadje troont de ruïne van de **burcht Landshut** 5, die een bewogen geschiedenis kent. Onderzoekers van de universiteit Trier ontdekten in 2012 dat de burcht waarschijnlijk veel ouder is dan tot dan toe werd gedacht: al in de 4e eeuw stond hier vermoedelijk een laat-Romeinse vesting. Sinds de restauratie, die van 2014 tot 2017 in beslag nam, kunnen de antieke muren worden bezichtigd. De 13e-eeuwse ruïne kreeg bovendien een nieuw restaurant met een 10 m breed panoramaraam, dat een spectaculair uitzicht biedt. De burcht is te voet en met de auto te bereiken, maar het leukst is een ritje met de **Burg-Landshut-Express**, een knalgele open oldtimerbus (apr.-okt., 10-18 uur, eens per uur vanaf de kerk, 10 en 18 uur na reservering, € 7, kinderen € 3,50).

MUSEA

Theorie en praktijk
De wijnbouw aan de Moezel is al tweeduizend jaar bedrijfstak en cultuurgoed. Een multimediatentoonstelling in het **Moselweinmuseum**, die samen met deskundigen van de wijnbouwhogeschool in Geisenheim is ontwikkeld, laat zien hoe de wijnbouw een stempel heeft gedrukt op de mensen en het landschap. Wie het gevoel heeft nu wel voldoende over wijn te weten, kan in de **vinotheek** de stap naar de praktijk wagen en een proeverij doen. Het museum en de vinotheek op het terrein van de **Cusanusstift** in Kues vormen samen het **Weinkulturelles Zentrum** 6.

Cusanusstr. 2, www.moselweinmuseum.de, 16 apr.-okt. dag. 10-18, nov.-15 apr. dag. 14-17 uur, € 5, vanaf 12 jaar € 2,50; vinotheek: apr.-okt. dag. 10-17, nov.-15 apr. dag. 14-17 uur, toegang gratis, proeverij € 15

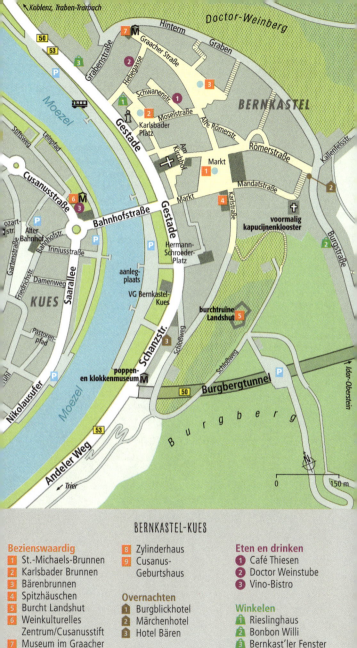

BERNKASTEL-KUES

Bezienswaardig
1. St.-Michaels-Brunnen
2. Karlsbader Brunnen
3. Bärenbrunnen
4. Spitzhäuschen
5. Burcht Landshut
6. Weinkulturelles Zentrum/Cusanusstift
7. Museum im Graacher Tor
8. Zylinderhaus
9. Cusanus-Geburtshaus

Overnachten
1. Burgblickhotel
2. Märchenhotel
3. Hotel Bären

Eten en drinken
1. Café Thiesen
2. Doctor Weinstube
3. Vino-Bistro

Winkelen
1. Rieslinghaus
2. Bonbon Willi
3. Bernkast'ler Fenster

#6

Grote geest – **in het spoor van Nicolaas van Cusa**

Zeshonderd jaar geleden probeerde filosoof en geestelijke Nicolaas van Cusa (ook wel Cusanus genoemd) een dialoog tot stand te brengen tussen de religies en riep hij op tot tolerantie tegenover de islam. In zijn geboorteplaats Kues kun je het spoor van zijn leven en werk volgen.

In het St.Nikolaus-Hospital hangt hoog boven de hoofden van de bezoekers de heilige naamgenoot van Nicolaas van Cusa, die hij als patroon van zijn stichting koos.

Omdat hij in de vissersboot zat te lezen in plaats van meehielp met roeien, zou zijn vader hem resoluut de Moezel in hebben gegooid. Nog altijd wordt die locatie in de volksmond 'Schmeißgraben' genoemd. Veel weten we niet over de jeugd van de kleine Nicolaas, maar Gerhard W. Kluth, directeur van het museum in het **Cusanus-Geburtshaus** 9, mag deze anekdote graag vertellen aan de bezoekers.

In het spoor van Nicolaas van Cusa #6

Geboren aan de Moezel, thuis in Europa

In dit huis aan de oever van de Moezel is Nicolaas van Cusa in 1401 geboren – of liever gezegd in de voorganger van dit in 1570 opgetrokken en rond 1980 ingrijpend gerenoveerde pand. Een tentoonstelling over twee verdiepingen informeert over het leven van de universeel geleerde. Het is leuk om aansluitend zelf op zoek te gaan naar het spoor van Nicolaas in het stadje Bernkastel-Kues. Het jongste instituut is de in 2014 gestichte **Cusanus-Hochschule**, waar in de geest van een humanistisch vormingsideaal economie en filosofie worden onderwezen.

Nicolaas verliet zijn geboortedorp al op jonge leeftijd. In 1416 ging de pas 15-jarige studeren aan de universiteit van Heidelberg. Via Padua, Keulen en Koblenz keerde hij vervolgens weer terug naar de Moezel. Hij was pauselijk gezant, kardinaal en vanaf 1450 bisschop van Brixen in Tirol. In 1464 overleed hij in Umbrië, na een niet heel lang, maar rijk en bevredigend leven. Zijn hart werd bijgezet in de kapel van het St. Nikolaus-Hospital in Kues.

Belangrijke nalatenschap

In 1458 stichtte de geestelijke het **St. Nikolaus-Hospital 6** (**Cusanusstift** ▶ blz. 56) als bejaardentehuis voor alleenstaande mannen. Dat is nog altijd het doel van de stichting, met dien verstande dat inmiddels ook vrouwen worden opgenomen. Van de activiteiten in het bejaardentehuis krijgen bezoekers overigens maar weinig mee – de bewoners worden niet gestoord in hun privacy wanneer je een bezoek brengt aan de kapel, de kruisgang of de beroemde bibliotheek. Via een wenteltrap in een glazen toren kom je bij de verzameling handschriften die tot de belangrijkste ter wereld worden gerekend. Filosofie, rechten en theologie, wis- en natuurkunde, astronomie en geneeskunde: alles interesseerde Nicolaas van Cusa en over alle onderwerpen bleef hij onvermoeibaar lezen. Precies zoals die kleine jongen in de vissersboot.

E ERFGOED

Nicolaas heeft zijn stichting 9 ha wijngaarden op een uitstekende locatie langs de Midden-Moezel nagelaten. Het Duitse Rode Kruis heeft het wijngoed gepacht.

INFO EN OPENINGSTIJDEN

Cusanus-Geburtshaus 9: Nikolausufer 49, tel. 06531 28 31, 15 apr.-okt. di.-za. 11-17, zo. 11-14 uur, nov.-14 apr. di.-za. 13-17, zo. 11-14 uur, € 2,50, scholieren/studenten € 1,50. Parkeren aan de Moezel.
St. Nikolaus-Hospital/Cusanusstift 6: Cusanusstr. 2, tel. 06531 22 60, www.cusanus.de; **kapel:** zo.-vr. 9-18, za. 9-15, dienst wo., za. 16 uur, toegang gratis; **bibliotheek:** bezichtiging alleen via een rondleiding; **rondleidingen:** apr.-okt. di. 10.30, vr. 15 uur, € 7, niet ingesteld op mensen met een beperking.

ETEN EN DRINKEN

Op het terrein van de Cusanusstift vind je het Weinkulturelles Zentrum (▶ blz. 56). In de **Vino-Bistro 3** kun je moezelwijn proeven, die in de Wein-Shop wordt verkocht.

Uitneembare kaart: F 4 | Plattegrond: ▶ blz. 57

De Midden-Moezel ▶ Bernkastel-Kues

Vroeger en nu
Minstens zo interessant als de collectie is de architectuur van het **Museum im Graacher Tor** 7. Zo niet interessanter. Dit streekmuseum is sinds 1985 ondergebracht in de enige nog bewaard gebleven **stadspoort van Bernkastel**, die rond 1300 is gebouwd en in de loop der eeuwen verschillende keren is verbouwd. Zo heeft de poort in het verleden al eens dienstgedaan als gevangenis en als opvangcentrum voor daklozen. Nu vind je hier objecten die te maken hebben met de stedelijke en culturele geschiedenis, zoals de originele vlag van de plaatselijke burgerwacht uit 1848.

Graacher Str., mei-okt. en in de tijd voor kerst do. 19-21, vr.-zo. 15-17 uur, € 2, kinderen € 1

Motoren en herinneringen
In het 5000 m² grote **Zylinderhaus** 8 heeft ondernemer Bernd Benninghoven ongeveer honderd historische voertuigen uit de geschiedenis van de automobielbouw neergezet. Bovendien nodigt een winkelgalerie met een buurtwinkeltje en een dorpsapotheek uit tot een nostalgische tijdreis.

Adolf-Kolping-Str. 2, www.zylinderhaus.com, di.-zo. 10-18 uur, € 12,50, 7-14 jaar € 9

ETEN, SHOPPEN, SLAPEN

🏠 Overnachten

Moezel modern
Burgblickhotel 1
Van een op leeftijd geraakt logement heeft Keulenaar Ralf Horstmann een ultramodern en desondanks bijzonder knus hotel gemaakt, van de belendende slagerij een chique wijnbar en van het slachthuis het restaurant Ochs. Weg met het muffige Moezelimago!

Goethestr. 29, tel. 06531 972 27 70, www.burgblickhotel.de, 2 pk vanaf € 98

Een sprookje
Märchenhotel 2
'Prinses op de erwt', 'sneeuwkoningin', 'kikkerkoning' en 'Doornroosje' – de

De vakwerkdichtheid in het centrum van Bernkastel-Kues is overweldigend. Dan komt een plekje om alles goed op je in te laten werken net mooi uit.

De Midden-Moezel ▶ Bernkastel-Kues

kamers van dit themahotel zijn fantasierijk en speels ingericht. Er is een wellnesscentrum en voor een hapje eten kun je terecht in restaurant Anno 1640, genoemd naar het bouwjaar van het vakwerkhuis.
Kallenfelsstr. 25-27, tel. 06531 965 50, www.maerchenhotel.com, 2 pk vanaf € 99

Zeer centraal
Hotel Bären ❸

Dit hotel, dat genoemd is naar het wapendier van Bernkastel, ligt aan de Moezelpromenade op slechts een paar minuten lopen van de Marktplatz. De luxere kamers beschikken over een eigen wellnessdouche en een stoombad.
Schanzstr., tel. 06531 95 04 40, www.hotel-baeren.de, 2 pk vanaf € 92

> ### 'GROENE MOEZELBEKER'
> Elk jaar snellen er eind september meer dan tweehonderd roeiboten over de Moezel van Bernkastel-Kues naar Zeltingen en weer terug, ter gelegenheid van de **Internationale Langstrecken-Regatta 'Grüner Moselpokal'**. Organisatoren zijn de Bernkasteler Ruderverein en de Rudergesellschaft Zeltingen. Vanaf de kant kijken is haast net zo leuk als het roeien zelf. De circa duizend atleten kunnen aan weerszijden van het 2 km lange traject worden aangemoedigd. Na de wedstrijd wordt er gezamenlijk feestgevierd op de 'after row party' (http://moselpokal.jimdo.com).

🍴 Eten en drinken

Een en al familie
Café Thiesen ❶

Je moet niet raar staan te kijken als je een vastgoedkantoor aan de telefoon krijgt wanneer je onderstaand nummer belt, want achter de naam Thiesen gaat een grote familie uit Bernkastel schuil. Reserveren moet je hier beslist, want het eten is goed, de porties zijn groot genoeg, de prijzen zijn aangenaam en de bediening is uitgesproken vriendelijk. En dat weet inmiddels zo'n beetje iedereen.
Schwanenstr. 9, tel. 06531 73 41, dag. 11-21.30uur, vanaf ca. € 7

Oud ontmoet jong
Doctor Weinstube ❷

Die naam draagt dit hotelrestaurant al sinds 1903. De geschiedenis van het hotel gaat echter terug tot in de 17e eeuw, waarvan de historische charme van het interieur nog altijd getuigt. De menukaart verrast met moderne en innovatieve gerechten.
Hebegasse 5, tel. 06531 966 50, www.doctor-weinstube-bernkastel.de, dag. 12-14, 18-22 uur, vanaf € 11,30

Winkelen

Een instituut
Rieslinghaus (Weinhaus Porn) ❶

Gevestigde topproducenten en de nieuwe generatie wijnboeren – hier staan hun producten eendrachtig naast elkaar in de schappen. Al decennialang is het nog niet zolang geleden tot 'Rieslinghaus' omgedoopte Weinhaus Porn een ontmoetingsplaats van wijnliefhebbers en -kenners. In de aangrenzende vinotheek kun je de wijnen proeven.
Hebegasse 11, tel. 06531 62 58, www.riesling-haus-bernkastel.de, mei-juli, okt. ma.-vr. 10-12, 14-18, za., zo. 11-18, aug.-sept. dag. 10-18, nov.-apr. ma.-vr. 14-18, za., zo. 11-18 uur

Zoals vroeger
Bonbon Willi ❷

Banketbakker Willi Maas maakt bonbons met behulp van honderd jaar oude apparaten. Hij geeft ook rondleidingen.
Burgstr. 8, tel. 06531 97 31 41, www.bonbon-willi.de, dag. 11-18 uur, in de winter beperktere openingstijden

Mode, meubels en meer
Bernkast'ler Fenster ❸

Samen sta je sterker: sinds 2004

De Midden-Moezel ▶ Bernkastel-Kues

brengen tien detailhandelaren hun producten gezamenlijk aan de man in 'het kleinste warenhuis van Duitsland'.
Gestade 3b, tel. 06531 97 39 79, ma.-za. 10-18 uur (jan.-feb. vanaf 11 uur)

🚴 Sport en activiteiten

Op de rug van een paard
De **Pferdesportverein Bernkastel** runt sinds 1990 op het Cusanus-Hofgut op het **Kueser Plateau** (waar ook het wijngoed van het St. Nikolaus-Hospital ligt) een manege waar mensen met een beperking werkzaam zijn. Paarden kunnen hier per dag worden gestald. Voor kinderen worden vakantiecursussen aangeboden. De 'Reitertagen', het grootste toernooi voor springruiters van de regio, trekken in augustus altijd ongeveer 10.000 bezoekers (www.reitverein-bernkastel.de).

Maare-Mosel-Radweg
De gezinsvriendelijke **Maare-Mosel-Radweg** loopt over een afstand van 58 km van **Daun** (📖 E 2-F 4) in de Vulkaan-Eifel naar **Bernkastel-Kues**. Dit fietspad is aangelegd op een voormalig spoorlijntracé en voert door tunnels en over viaducten en bruggen. Al fietsend zie je het landschap om je heen veranderen: aan het begin rijd je nog langs de blauwe maren van de Eifel, aan het eind ben je tussen de wijngaarden van de Moezel beland (www.maare-moselradweg.de).

INFO

Toeristenbureau: Mosel-Gäste-Zentrum, Gestade 6, tel. 06531 50 01 90, www.bernkastel.de, jan.-okt. ma.-vr. 9-17, za. 10-17, zo. 10-13, nov.-half dec. ma.-vr. 9.30-16, za., zo. 11-14, half-eind dec. ma.-vr. 9.30-16, za. 11-14 uur.
Trein: vanaf het station in Kues rijden treinen in de richting van Wittlich, Trier, Traben-Trarbach en Bullay.
Stadsrondrit: de Panoramabahn rijdt tussen mei en okt. dag. om 11, 12, 14, 15, 16 en 17 uur (€ 8,50, 4-14 jaar € 5).
Parkeren: je kunt je auto het best achterlaten op de grote parkeerplaats aan de Moezel en het centrum te voet verkennen. Via de brug ben je snel in het stadsdeel Kues.

Wie onderweg is op de Maare-Mosel-Radweg gaat bij deze aanblik als het ware over de finish, maar je mag natuurlijk ook in tegengestelde richting fietsen.

EVENEMENTEN

Weinfest der Mittelmosel: rond het eerste weekend van sept. Vijfdaags feest met optocht, jaarmarkt, livemuziek, vuurwerk en de kroning van de wijnkoningin.

Weihnachtsmarkt: adventsperiode. In het centrum van Bernkastel en op de historische Marktplatz. In deze periode wordt ook een gezamenlijke duik in de ijskoude Moezel genomen.

Mosel Musik Festival: juli-okt. en in de kersttijd. Overal langs de Moezel. De nadruk ligt op kamermuziek.

IN DE OMGEVING

Nieuw leven achter oude muren

Vlak aan de Moezel, tegenover Zeltingen-Rachtig, ligt het voormalige **cisterciënzerinnenklooster Machern** (F 4) uit de 13e eeuw. Tegenwoordig biedt het onder andere onderdak aan een speelgoed-, poppen- en iconenmuseum, een proeflokaal, de kloosterbrouwerij en restaurant Brauhaus, waar eenvoudige gerechten op tafel komen.
www.klostermachern.de, restaurant Brauhaus: tel. 06532 951 50, www.brauhaus-kloster-machern.de, dag. vanaf 11 uur; kloosterbrouwerij: tel. 06532 95 49 94, apr.-nov. do.-za. 12-17 uur; proeflokaal en crypte: tel. 06532 95 31 75, dag. 10-18 uur; museum: tel. 06532 95 16 40, apr.-nov. ma., vr. 11-17, za., zo., di.-do. 10-18 uur

Zonaanbidders

Strikt genomen is **Wehlen** (F 4) een stadsdeel van Bernkastel-Kues, maar daar merk je maar weinig van: het plaatsje doet nog altijd aan als een wijndorp. Wehlen staat bekend om de vele zonnewijzers, waarvan er – geïnspireerd door de wijngaard Wehlener Sonnenuhr – inmiddels al meer dan vijftig zijn. De bekendste staat midden in de wijngaard tegenover Wehlen.

Genoeg te beleven

Brauneberg (F 4) is een ietwat slaperig dorpje op ongeveer 7 km van Bernkastel, maar bij nader toezien kom je tot de ontdekking dat je hier heel aangenaam kunt overnachten en eten. En ook nog winkelen, bijvoorbeeld in de bijzonder mooie cadeau- en bloemenwinkel Die Vitrine. Bovendien heeft Brauneberg de langste notenboomlaan aan de Moezel en beroemt zich op de oudste Romeinse wijnmakerij ten noorden van de Alpen, die uit de 2e eeuw dateert. In september vindt er een leuk straatfeest plaats in Brauneberg.

Neumagen-Dhron

E 5

'Hier komt geschiedenis tot leven' – dat is in deze 2300 zielen tellende plaats meer dan een holle frase: in de zomer stromen de toeristen en vooral geïnteresseerden in de oudheid toe om hier de 'Stella Noviomagi' te zien, de replica van een Romeins wijnschip.

De joodse gemeenschap

Neumagen is beroemd om zijn Romeinse wortels (▶ blz. 66), maar in het plaatsje zijn ook sporen van een joodse gemeenschap te vinden, die zich hier al in de late middeleeuwen had gevormd. In de Bogengasse herinneren nog twee gedenkplaten aan de

OVERIGENS

Even een beetje naamkunde? **Dhron** is de naam van een 36 km lange rivier die door de Hunsrück slingert en bij het gelijknamige plaatsje in de Moezel uitmondt. De grootste zijrivier van de Dhron is de **Kleine Dhron**. De burcht Dhronecken ('Troneck' in de middeleeuwen) bij Hermeskeil was volgens de legende het onderkomen van Hagen von Tronje uit het Nibelungenlied.

Mens en machine – **Industriedenkmal Jakob Bengel**

Alsof het gereedschap net is neergelegd en de machines een paar minuten geleden zijn uitgezet: de Jakob-Bengel-Stiftung presenteert hier een sieradenfabriek die nog in de originele staat verkeert en een echte werkplaats is in plaats van een museum.

Structuurverandering – een uitstapje vanuit het Moezelgebied dwars over de Hunsrück naar de sieraden- en edelsteenstad **Idar-Oberstein** maakt dat vrij ondoorgrondelijke begrip aanschouwelijk: tijdens een rondleiding door het **Industriedenkmal Jakob Bengel** 1 leren bezoekers de voormalige fabriek kennen. Waarbij strikt genomen de onderneming nooit opgehouden is te bestaan. Alleen kun je de opdrachten die nu nog jaarlijks binnenkomen eerder op de vingers van één dan van twee handen tellen.

In de bloeiperiode onderhield de Obersteiner sieradenindustrie vijfduizend mensen en hun gezinnen. Tegenwoordig bestaat deze bedrijfstak praktisch niet meer.

Apparaten en verhalen

In principe doet alles het nog. Wie het netjes vraagt of de kneepjes van het vak kent, mag tijdens de rondleiding ook zelf achter een machine plaatsnemen. Normaal gesproken is dit privilege voorbehouden aan Ludwig Bauer. Met zijn cir-

Industriedenkmal Jakob Bengel #7

ca 90 jaar wekt de vriendelijke baas de objecten van de tentoonstelling tot leven. Zelf heeft hij nooit bij Jakob Bengel gewerkt, maar bij andere sieradenfabrieken in Oberstein. De geschoolde staalgraveur kan van alles laten zien en nog meer vertellen. Zoals over zijn loon van een mark per uur dat hij in 1949 kreeg, over het collier uit Oberstein dat een vrouw in een reclame in de jaren tachtig van de vorige eeuw droeg en nog duizend-en-een van dat soort verhalen.

Begin en einde van een industrie

De feiten van Bauers anekdotes staan op bordjes en zijn bovendien gebundeld in een gidsje dat voor € 2 verkrijgbaar is. Je komt te weten dat slotenmaker Jakob Bengel in 1873 een fabriek voor horlogekettingen stichtte en die in 1906 aan zijn schoonzoon overdroeg. Deze breidde de productie uit naar modieuze sieraden. Decennialang liep de business met de oor-, hals- en armsieraden goed, maar door de concurrentie van de zogenaamde lagelonenlanden stortte de markt aan het begin van de jaren negentig ineen.

De hoogbejaarde Ludwig Bauer heeft jarenlang bij sieradenfabrieken in Oberstein gewerkt.

INFO EN OPENINGSTIJDEN
Industriedenkmal Jakob Bengel 1:
Wilhelmstr. 40-44, tel. 06781 270 30, www.jakob-bengel.de, mei-sept. di.-zo. 10-16, okt.-apr. di.-vr. 10-16 uur, € 3, de laatste rondleiding begint om 14.30 uur, rest van het jaar rondleidingen op aanvraag. De duur van de rondleiding is afhankelijk van de gids ... Het kan handig zijn om vooraf aan te geven uiterlijk hoe laat je weer wilt vertrekken.

ETEN EN DRINKEN
In het museum is er geen cafetaria, maar tamelijk in de buurt aan de andere kant van de *Naheüberbauung* (waaronder het riviertje de Nahe stroomt) vind je het **voetgangersgebied van Oberstein**. Rondom de Marktplatz liggen enkele restaurants, cafés en ijssalons. Het Spießbratenhaus **Alte Kanzlei** 1 doet geen enkele moeite om te verbergen wat dé specialiteit van Idar-Oberstein is.

ANDERE BEZIENSWAARDIGHEDEN
Behalve de beroemde **Felsenkirche** 2 vind je ook het **Deutsches Mineralienmuseum** 3 (www.deutsches-mineralienmuseum.de) en het **Deutsches Edelsteinmuseum** 4 (www.edelsteinmuseum.de) in Idar-Oberstein. Wie kinderen heeft, zou een uitstapje kunnen maken naar de **Weiherschleife** 5 (een edelsteenslijperij waar je ook waterfietsen en een speelplaats vindt) of naar de **edelsteenmijnen Steinkaulenberg** 6 (beide www.edelsteenmijnen-idar-oberstein.de).

Uitneembare kaart: H 6

#8

Terug naar de oudheid – het Romeinse schip in Neumagen-Dhron

Alle wegen leiden naar Rome? In Neumagen-Dhron leiden alle wegen naar de Romeinen, zowel in de plaats zelf als op het water. Met de replica van een Romeins wijnschip wordt in de zomer op de Moezel gevaren of – enige oefening vooropgesteld – geroeid.

'Pergamon van het Rijnland', 'oudste wijnplaats van Duitsland' – aan fraaie bijnamen ontbreekt het Neumagen-Dhron niet bepaald. Bovendien doet het plaatsje, dat circa 2300 inwoners telt, op het eerste gezicht helemaal niet toeristisch aan, vooral niet in vergelijking met het nabijgelegen Bernkastel-Kues en andere toeristenbolwerken als Traben-Trarbach, Zell en Cochem. Maar stille wateren hebben nu eenmaal diepe gronden, daar zul je snel achterkomen.

Origineel ...

In het gebied van *Noviomagus Treverorum* – de naam die de Romeinen hun nederzetting hadden gegeven – stond vanaf de 4e eeuw een kleine vesting die door veertien torens en twee poorten werd beschermd. Bij opgravingen aan het eind van de 19e eeuw kwam iets sensationeels aan het licht: het bouwmateriaal van de vesting bestond uit overblijfselen van grafmonumenten. De vondsten zijn te bezichtigen in het Rheinisches Landesmuseum in Trier (▶ blz. 74). Daar staat ook het origineel van het beroemde **wijnschip van Neumagen**, dat eveneens als grafmonument diende – van een wijnhandelaar. Dat hier al tweeduizend jaar geleden in wijn wordt gehandeld, gold daarmee als afdoende bewezen.

Een kopie van het **stenen miniatuurschip** 1 staat in Neumagen voor de Peterskapelle. Andere getuigen van de Romeinse tijd vind je langs de **Archäologischer Rundweg** (met borden aangegeven), die de contouren van de vesting volgt en langs nog zichtbare resten van muren loopt.

OVERIGENS

in zijn gedicht **Mosella** prijst Ausonius in euforische bewoordingen de lieflijke schoonheid van Neumagen en het Moezeldal.

Het Romeinse schip in Neumagen-Dhron #8

... en nagebouwd

Voorafgaand aan de planning van de grote tentoonstelling over Constantijn de Grote in Trier, in 2007, rijpte een idee: je zou het wijnschip van Neumagen levensgroot kunnen nabouwen van hout en er een toeristische attractie van kunnen maken. Enkele jaren, veel vrijwilligerswerk en ontelbare werkuren (vooral van leerlingen van de Handwerkskammer Trier) later was het zover: de **Stella Noviomagi** 2 (Ster van Neumagen) liep op 14 september 2007 in Trier van stapel en zette twee weken later koers richting haar nieuwe thuishaven Neumagen-Dhron aan de Moezel.

Roeiers in gepaste kledij.

Toeristen trekt het ongeveer 18 m lange en 4,20 m brede schip inderdaad. Wie een tochtje wil maken, moet tijdig kaartjes reserveren. Een 'klein' verschil met de oudheid is er wel: geroeid wordt er alleen op uitdrukkelijk verzoek, meestal zorgen de motoren van de *Stella Noviomagi* voor de noodzakelijke aandrijving.

INFO EN OPENINGSTIJDEN

Stella Noviomagi 2: apr.-okt. culturele tocht met wijn za. 15.30, zo. 10 uur, juni-sept. ook wo. 14 uur tocht naar Piesport en terug, € 18, kinderen 6-14 jaar de helft, reserveren via het toeristenbureau (www.neumagen-dhron.de). De film in het **informatiepaviljoen** 3 (Pelzergasse 5-7) is een goede voorbereiding op een tocht. Voor € 420 kunnen groepen (max. 40 pers.) het wijnschip charteren voor een tocht van twee uur (apr.-okt.). **Rondleidingen:** mei-okt. vr. 17.15 en za. 10.15 uur, 'in het spoor van de Romeinen'.

ETEN EN DRINKEN

Romeinse stoofschotel met eend of het slakkenpannetje Mosella? Wie na een tochtje op een Romeins schip in de sfeer wil blijven, heeft keuze genoeg. Op de menukaarten van **Ausonius-Pizzeria** 1 (Moselstr. 19, www.ausonius-pizzeria-neumagen-dhron.de), **restaurant Römer-Kastell** 2 (Pelzergasse 7, tel. 06507 70 16 81) en **vinotheek Vinopolis** 3 (Hinterburg 9, www.konstantin-weine.de) zijn op de Romeinen geïnspireerde of in elk geval naar hen genoemde gerechten te vinden. Een glas riesling van Neumagener Laudamusberg past daar uitstekend bij.

Uitneembare kaart: E 5

De Midden-Moezel ▶ Trittenheim

joodse basisschool – een zeldzaamheid – en de synagoge. Halverwege de 19e eeuw woonden er 101 joden in Neumagen, maar de nazi's hebben ze allemaal uitgeroeid. De laatste twee gezinnen werden in 1941-1942 gedeporteerd. Om de herinnering aan de joodse gemeenschap levendig te houden is er een werkgroep opgericht die samenwerkt met het Emil-Frank-Institut van de universiteit van Trier.

SCHAAP MET VIJF POTEN

De **jachthaven Mittelmosel** (www.marina-mittelmosel.de) biedt ligplaatsen, een campterrein, boot- en fietsverhuur, een barbecueplaats en restaurantjes.

🅤 Betrouwbaar
Zum Anker
Dit restaurant aan de Moezel is al vele jaren een vaste waarde. Je eet hier eenvoudige, maar degelijke gerechten. Vanaf het terras heb je mooi uitzicht op de rivier en de jachthaven.
Moselstr. 14, tel. 06507 63 97, www.hotelzum anker.de, dag. 11.30-14/17.30-22 uur, vanaf ca. € 11

IN DE OMGEVING

3 km stroomafwaarts
In **Piesport** (📖 E 5), waar de wijn met de beeldende naam 'Goldtröpfchen' vandaan komt, kun je Romeinse wijnmakerijen uit de 2e en de 4e eeuw bezichtigen. Begin oktober wordt hier ter gelegenheid van het Römisches Kelterfest een historisch schouwspel opgevoerd. Ook in Piesport kun je heerlijk aan de Moezel zitten met een kop koffie of een glas wijn. Bezienswaardigheden zijn onder andere de barokke **parochiekerk St. Michael**, die vooral bekendstaat om de barokke plafondschilderingen, en het rotsmassief **'Mosel-Loreley'**.

Trittenheim 📖 E 5

Dit aan een schilderachtige bocht van de Moezel gelegen dorpje met 1000 inwoners is in de wijde omtrek bekend dankzij de wijngaarden Trittenheimer Apotheke en Trittenheimer Altärchen. Je kunt hier echter niet alleen een goed glas drinken, maar ook uitstekend eten: het dorpje heeft zelfs een sterrenrestaurant.

Op bezoek bij een wijnheilige
Hoe zou het hier ook anders kunnen? De **Laurentiuskapelle** in de wijngaarden is gewijd aan een wijnheilige. De kapel is in 1569 gebouwd en in de jaren negentig van de vorige eeuw gerestaureerd. Vroeger woonden er veel mensen in de onmiddelllijke omgeving, maar tegenwoordig staan er hier uitsluitend wijnstokken. Elk jaar in het tweede weekend van augustus wordt een processie naar de kapel gehouden. Dan wordt gebeden om een voorspoedige oogst en dat de wijngaarden noodweer en plagen bespaard mogen blijven.

De veertorens
Trittenheim heeft een voor de Moezel uniek stel **veertorens** te bieden. De twee gebouwen, waar van 1829 tot 1908 de veerlieden woonden, vallen sinds 1991 onder monumentenzorg. De vierkante torentjes met de spitse daken zijn echte blikvangers langs de rivier.

Goed uitzicht
Strikt genomen hoort de **Zummethöhe** niet bij Trittenheim, maar bij Leiwen. Vanaf deze hoogte heb je echter een grandioos uitzicht. Na de inspanning van de klim kun je heerlijk neerstrijken op het terras van een restaurant.

🅤 Alleen het allerbeste
Wein- & Tafelhaus
Sinds 2002 zwaaien Alexander en Daniela Oos de scepter in dit met een Michelinster onderscheiden fijnproe-

De Midden-Moezel ▶ Trittenheim

Liggen de Dibbelabbes en de varkenspoot een beetje zwaar op de maag? Dan is het tijd voor beweging: de wandelpaden door de wijngaarden bij Trittenheim of de route naar de Fünfseenblick zijn echte calorieënkillers met mooi uitzicht.

versrestaurant, waar ook een wijnbar, een gastenverblijf en een kookschool te vinden zijn. De bezoekers komen van heinde en ver – niet alleen voor de tartaar van kalfsfilet met morielje-vinaigrette, maar ook voor het prachtige uitzicht vanuit de glazen uitbouw en vanaf het terras.

Moselpromenade 4, tel. 06507 70 28 03, www.wein-tafelhaus.de, wo.-za. 15-21, zo. 12-13.30, 18.30-21 uur, menu vanaf € 95

....
IN DE OMGEVING
....

Waardevolle cultuur
Het mooie dorp **Klüsserath** (📖 E 5) is een uitstapje beslist waard, maar ook een wat langer verblijf als de culturele hoogtepunten je wel aanstaan. Om de drie jaar wordt in de adventstijd een tentoonstelling van kerststallen gehouden en om de vijf jaar op de twee zondagen voor Pasen een passiespel. 2020 is weer een jaar dat beide plaatsvinden.

Gezichtsbedrog
Het is toch echt maar één rivier, maar vanaf deze uitkijktoren midden in het bos lijkt het toch echt alsof je naar vijf afzonderlijke meren staat te kijken. Deze zogeheten **Fünfseenblick** (📖 E 5/6) is een echte bijzonderheid. Het best kun je een wandeling maken naar de toren bij Mehring. Een middellange optie is bijvoorbeeld de 'Extratour Mehringer Schweiz', een *Seitensprung* van de Moselsteig. Ook de zevende etappe van de Moselsteig (▶ blz. 90) voert langs de Fünfseenblick.

LEESTIP

Moezel, wijn en literatuur gaan uitstekend samen: in Leiwen, vlak bij Trittenheim, woont schrijfster Annette Köwerich met haar man Nick, een wijnboer die bekendstaat om zijn uitstekende rieslings. Annette heeft verschillende boeken geschreven over de (geneugten van de) Moezel. Het laatste dat van haar hand is verschenen, is de poëtische e-mailroman **Briefe von Ophelia und Jan**.

Trier en de Boven-Moezel

De waarschijnlijk oudste stad van Duitsland komt dankzij de vele studenten uitgesproken jong over en heeft niet alleen negen Werelderfgoederen van de UNESCO te bieden – van de Kaiserthermen tot het amfitheater –, maar ook een levendig uitgaans- en cultureel leven. Strijk op een zwoele zomeravond neer in een biergarten aan de Moezel en laat je blik stroomopwaarts glijden. Daar wachten mooie stadjes, ongerepte natuur en buurland Luxemburg om te worden ontdekt.

Trier D 6, plattegrond

▶ blz. 7474-75

Deze stad is niet alleen de oudste van Duitsland – zowel naar eigen zeggen als volgens veel deskundigen –, maar dankzij de ligging aan de rivier en het historisch centrum ook een van de mooiste en op cultureel gebied een van de interessantste. Je kunt je hier met name onderdompelen in de oudheid. En hoewel Trier met ongeveer 115.000 inwoners voor Duitse begrippen relatief klein is, ademt de stad door de grote universiteit en de vele bezoekers uit Luxemburg, Frankrijk en – vanwege Karl Marx – China een internationale, open sfeer. O ja, en ze maken hier ook nog goede wijn.

BEZIENSWAARDIGHEDEN

Rare jongens, die Romeinen!

Wat Asterix en Obelix ook van hen vonden, de Romeinen waren hoe dan ook grote bouwmeesters. Daarvan zul je in Duitsland vrijwel nergens meer overtuigd raken dan in Trier. Voor de **Porta Nigra** 1 te staan, het symbool van de stad, is altijd weer indrukwekkend. Het gaat hier immers om de best bewaard gebleven Romeinse stadspoort ten noorden van de Alpen, die omstreeks het jaar 180 uit grote zandsteenblokken is opgetrokken. Zijn naam heeft de 'Zwarte Poort' overigens pas in de middeleeuwen gekregen, omdat de lichte stenen in de loop van de tijd donkerder waren geworden. Uit hetzelfde tijdperk als de Porta Nigra stamt het **amfitheater** 2, dat even buiten het centrum aan de voet van de **Petrisberg** ligt. Je kunt het best de bus ernaartoe nemen. Het amfitheater is gebouwd voor bijna 20.000 bezoekers van gladiatorengevechten en doet tegenwoordig nog weleens dienst als decor van een concert of een musical.

Porta Nigra/amfitheater: apr.-sept. dag. 9-18, mrt., okt. dag. 9-17, nov.-feb. dag. 9-16 uur, € 4, senioren/studenten € 3, tot 17 jaar € 2,50, gezinskaart vanaf € 4

De Romeinse badcultuur

De drie thermen die in Trier zijn aangetroffen zijn unieke getuigen van de Romeinse badcultuur. De jongste en ook grootste zijn de **Kaiserthermen** 3 uit de 4e eeuw. Oorspronkelijk waren deze bedoeld als keizerlijk geschenk voor de bevolking van Trier, maar het monumentale bouwwerk werd voltooid als kazerne. Later deden de thermen dienst als burcht en als klooster. Je kunt ze – ook ondergronds – bezichtigen met behulp van een multimediaguide. Een beetje ouder zijn de 2e-eeuwse **Barbarathermen** 4. De destijds op een na grootste thermen in het Romeinse Rijk bestonden uit stoom- en zwembaden, rustbanken, restaurants en winkels – kortom, alles wat vandaag de dag met 'wellness' wordt aangeduid. De **Thermen am Viehmarkt** 5 zijn pas in de jaren tachtig van de vorige eeuw aangetroffen tijdens graafwerkzaamheden voor de bouw van een ondergrondse parkeergarage. De fundamenten dateren uit de 2e eeuw, het daarop gebouwde badhuis uit de 4e eeuw. Over de archeologische vondst is een grote glazen kubus heen gebouwd.

Algemene info: www.zentrum-der-antike. de; **Kaiserthermen:** Weberbach 41, tel. 0651 436 25 50, apr.-sept. dag. 9-18, mrt., okt. dag. 9-17, nov.-feb. dag. 9-16 uur, € 4, studenten/senioren € 3, 6-18 jaar € 2,50, gezinskaart vanaf € 4; **Barbarathermen:** Südallee, tel. 0651 460 89 65, apr.-sept. dag. 9-18, mrt., okt. dag. 9-17, nov.-feb. dag. 9-16 uur, toegang gratis; **Thermen am Viehmarkt:** Viehmarktplatz, tel. 0651 994 10 57, di.-zo. 9-17 uur, € 4, studenten/senioren € 3, 6-17 jaar € 2,50, gezinskaart vanaf € 4

Christelijk erfgoed

Trier biedt ook getuigen uit zijn rijke christelijke geschiedenis. Zo is de **Dom St. Peter** 6 de oudste bisschopskerk van Duitsland. Het godshuis is in de 4e eeuw gebouwd op de overblijfselen van een Romeinse woning en kan terugzien op een bewogen verleden waarin het

Trier en de Boven-Moezel ▶ Trier

tal van keren is verwoest en even zovele keren is herbouwd. Het resultaat is ook uit kunsthistorisch oogpunt hoogst interessant: van de oudheid tot de moderne tijd zijn alle kunstrichtingen hier vertegenwoordigd. Het beroemdste relikwie blijft echter onttrokken aan het oog van de bezoekers: de 'heilige rok', het vermeende bovenkleed van Christus dat door Helena, de moeder van Constantijn de Grote, naar Trier zou zijn gebracht, wordt maar zelden tentoongesteld. Pal naast de dom staat de **Liebfrauenkirche** [7], de oudste gotische kerk van Duitsland. De kerk dateert uit de 13e eeuw en staat op de Werelderfgoedlijst van de UNESCO.

En dan is er nog de grootste protestantse kerk in het katholieke Trier: de **Konstantinbasilika** [8]. Dit godshuis is ongeveer in dezelfde tijd als de dom gebouwd als Romeinse aula voor audiënties van de keizer en maakt vooral indruk met zijn afmetingen: 27 m breed, 33 m hoog en 67 m lang.

Dom: www.dominformation.de, apr.-okt. dag. 6.30-18, nov.-mrt. dag. 6.30-17.30 uur, toegang gratis; **Liebfrauenkirche:** Liebfrauenstr. 2, tel. 0651 17 07 90, www.liebfrauen-trier.de, apr.-okt. ma.-vr. 10-18, za. 11-16.30, zon- en feestdagen 12.30-18, nov.-mrt.

> ## WERELDERFGOED!
>
> Augusta Treverorum – zo luidde de Romeinse naam van Trier. De negen Werelderfgoederen van UNESCO in de stad zijn de **Porta Nigra** [1], het **amfitheater** [2], de **Kaiserthermen** [3], de **Barbarathermen** [4], de **Dom St. Peter** [6], de **Liebfrauenkirche** [7], de **Konstantinbasilika** [8], de **Römerbrücke** [9] en de **Igeler Säule** in Igel (🕮 C 6).

ma.-vr. 10-17, za. 11-16, zon- en feestdagen 12.30-17 uur, toegang gratis, **Konstantinbasilika:** Konstantinplatz, tel. 0651 99 49 12 00, www.konstantin-basilika.de, apr.-okt. ma.-za. 10-18, zo. 13-18, nov., jan.-mrt. di.-za. 10-12, 14-16, zo. 13-15, dec. ma.-za. 10-12, 14-16, zo. 13-15 uur, toegang gratis

MUSEA

Stadsgeschiedenis

Het **Stadtmuseum Simeonstift** [10], vlak naast de Porta Negra, biedt informatie over de geschiedenis van de

Heeft iemand zich hier laten inmetselen? Dat is niet het enige boeiende verhaal dat de gids over de Porta Nigra te vertellen heeft. De Romeinse outfit is natuurlijk een must in de best bewaard gebleven Romeinse stadspoort ten noorden van de Alpen.

TRIER

Bezienswaardig
1. Porta Nigra
2. Amfitheater
3. Kaiserthermen
4. Barbarathermen
5. Thermen am Viehmarkt
6. Dom St. Peter
7. Liebfrauenkirche
8. Konstantinbasilika
9. Römerbrücke
10. Stadtmuseum Simeonstift
11. Rheinisches Landesmuseum
12. Museum am Dom
13. Karl-Marx-Haus

Overnachten
1. ante porta
2. Hotel Vinum

Eten en drinken
1. Burgeramt
2. Brasserie
3. Aom Ecken
4. Konditorei Raab

Winkelen
1. Das Weinhaus
2. Unverpackt

Uitgaan
1. Theater Trier
2. Tuchfabrik
3. Astarix

Sport en activiteiten
1. Rederij Kolb

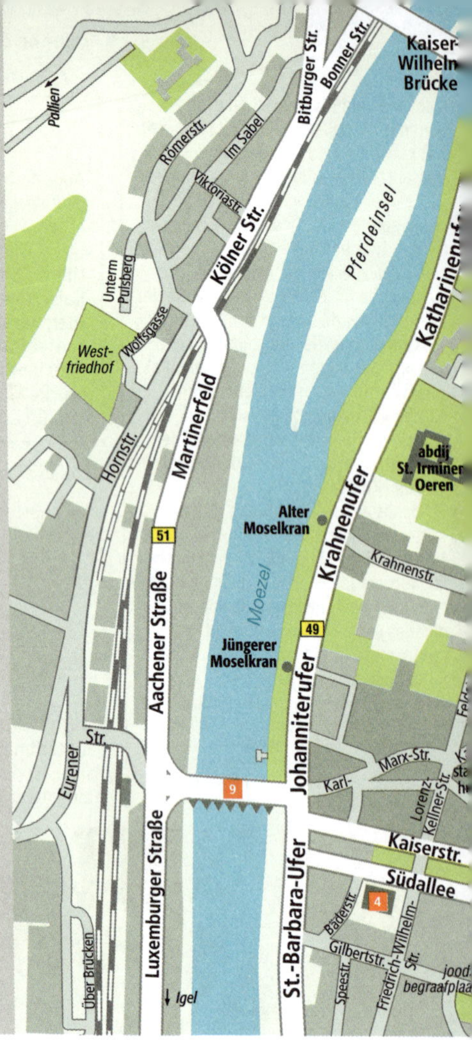

stad en zijn bewoners van de oudheid tot de moderne tijd. De expositie omvat kunstwerken, alledaagse voorwerpen, meubels en textiel. Waardevolle stukken uit de stadsgeschiedenis zijn bijvoorbeeld het marktkruis uit de 10e eeuw en de 15e-eeuwse beelden van de Steipe aan de Hauptmarkt. In de 'Trier-Kino' worden films over verschillende thema's vertoond. Het museum organiseert ook regelmatig tijdelijke tentoonstellingen.

Simeonstr. 60 (naast de Porta Nigra), tel. 0651 718 14 59, www.museum-trier.de, di.-zo. 10-17 uur, € 5,50, scholieren/studenten € 4, gezinskaart € 9

Rheinisches Landesmuseum
Het **Rheinisches Landesmuseum** 11, een van de grootste en belangrijkste archeologische musea in Duitsland, is gewijd aan de geschiedenis van de stad Trier van de prehistorie tot de barok. De nadruk ligt op de oudheid, toen

de stad een keizerlijke residentie was. Het muntenkabinet omvat onder andere de in 1993 gevonden schat aan gouden munten. Ook hier zijn regelmatig tijdelijke tentoonstellingen te zien.

Weimarer Allee 1, tel. 0651 977 40, www.landesmuseum-trier.de, di.-zo. 10-17 uur, € 8, studenten/senioren € 6, 6-18 jaar € 4, gezin vanaf € 8

Museum am Dom

In het **Museum am Dom** 12 in de voormalige Koninklijk Pruisische gevangenis exposeert het bisdom Trier christelijke kunst en belangrijke werken uit de kerkgeschiedenis. De stukken zijn eigendom van de bisschopsstoel, de parochies van het bisdom en de dom. Uniek zijn de constantijnse plafondschilderingen, die op een diepte van 3 m onder de dom zijn gevonden. Ze stammen uit een laatantiek woonpaleis. Het museum hecht veel waarde aan het samenspel van oude en hedendaagse kunst. Ook al is dit een kerkelijk

Revolutie en geraniums – **Karl Marx in Trier**

Het jaar 2018 stond in Trier geheel in het teken van de beroemdste zoon van de stad: Karl Marx zou op 5 mei van dat jaar 200 jaar oud zijn geworden. De Volksrepubliek China deed Trier een 6 m hoog beeld van Marx cadeau en er werd een grote tentoonstelling gehouden. Het museum in Marx' geboortehuis, dat al lange tijd gewijd is aan het leven en de leer van de grote denker, kreeg voor zijn verjaardag een facelift.

Voor ongeoefende oren klinkt het alsof de dame aan de kassa van het **Karl-Marx-Haus** 13 perfect Chinees spreekt wanneer ze de bezoekers uit de Volksrepubliek uitlegt hoe ze de audioguide moeten gebruiken. 'Ik een paar zinnetjes uit mijn hoofd geleerd,' zegt ze glimlachend zodra de gasten weg zijn. 'Om te overleven.' Elke dag komen hier toeristen uit China. Tienduizenden bezoeken Trier elk jaar om het huis te zien waar de door hen hooggeachte Karl Marx op 5 mei 1818 is geboren. In een stadje dat destijds maar 12.000 inwoners telde. Vanaf 1819 woonde de familie Marx in de Simeongasse.

De tuin als toevluchtsoord

Evenals om de duiding van het werk van Marx is er ook altijd strijd geweest om het gebruik van het huis – waar de kleine Karl al met al maar een jaar heeft gewoond. Sinds 1947 doet het huis dienst als museum. Ter gelegenheid van de 150e geboortedag van Marx in 1968 opende de toenmalige Duitse minister van Buitenlandse Zaken Willy Brandt de eerste expositie onder de vlag van de Friedrich-Ebert-Stiftung, die het museum tot op heden beheert. En voor de 200e geboortedag van Marx deed het huis zichzelf een nieuwe permanente tentoonstelling cadeau, die stipt op 5 mei 2018 werd geopend. Al in maart 2013 is een prachtige tuin opengesteld waar een grote buste aan Marx en leisteenplaten aan diens studie van

A ALMA MATER

Al lange tijd wordt erover gesproken om de tot nog toe naamloze universiteit van Trier naar Karl Marx te noemen, maar dat loopt waarschijnlijk op niets uit: het steeds opnieuw ingediende voorstel van de algemene studentenvereniging wordt even zo regelmatig afgewezen door het bestuur van de universiteit.

Karl Marx in Trier #9

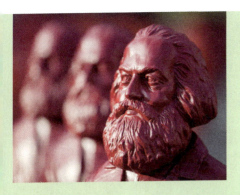

Karl Marx weet nog altijd te inspireren.

de geologie herinneren. In het tuinhuis zijn sindsdien telkens weer kleine tentoonstellingen te zien.

Visionaire ideeën

Vanuit de tuin is goed te zien dat het nogal kleine huis zich nauwelijks onderscheidt van veel andere woningen in dit deel van de binnenstad, dat tegenwoordig **Karl-Marx-Viertel** heet. Wie door de gang op de bovenverdieping loopt, ziet aan de muur affiches die oproepen tot revolutie en radicale hervormingen. Kijk je door het raam ertegenover dan zie je bloeiende geraniums in bloembakken. En dat is maar één symbool voor alle contradicties die tegenwoordig verbonden zijn met de naam Karl Marx, vooral die dat hij goede ideeën had waaruit soms twijfelachtige ideologieën zijn afgeleid. Maar welke uitwerking hij ook heeft gehad, Marx heeft het niet meer meegemaakt.

Persoonlijke rampen

Het museum verheerlijkt niet en maakt niemand zwart. Het informeert zakelijk en nuchter over de 64 jaar leven en werk van de filosoof en econoom, die aan het eind van zijn leven kon terugkijken op tal van verstandige werken, maar ook op een persoonlijke puinhoop. Geldzorgen beheersten zijn leven. Van de zeven kinderen stierven er vier heel jong. Drie dochters hield hij over, van wie er zich twee (na zijn dood) van het leven beroofden. Alleen in Frankrijk wonen er nog nakomelingen van Karl en Jenny Marx.

INFO EN OPENINGSTIJDEN

Museum Karl-Marx-Haus 13: Brückenstr. 10, tel. 0651 97 06 80, www.fes.de, 25 mrt.-okt. dag. 10-18 uur, nov-24 mrt. ma. 14-17, di.-zo. 11-17 uur, € 4, scholieren/studenten € 2,50, gezinskaart € 7.

ETEN EN DRINKEN

Wie na zo veel geestelijk voedsel beslist een kop koffie nodig heeft, kan het best een bezoek brengen aan **Konditorei Raab** 4 (Karl-Marx-Str. 14, tel. 0651 741 86, www.konditorei-raab.de, ma.-vr. 8-18.15, za. 8-18, zo. 11-18 uur). Er worden ook lunchgerechten geserveerd, maar vooral heerlijk gebak en dito bonbons.

Uitneembare kaart: D 6 | **Plattegrond:** ▶ blz. 74-75

Trier en de Boven-Moezel ▶ Trier

De voetjes omhoog, koffie bestellen en even een praatje maken. In de cafés van Trier kun je heerlijk uitblazen.

museum, bloedserieus gaat het er ook niet altijd aan toe, getuige de verzameling torenhaantjes.
Bischof-Stein-Platz 1, tel. 0651 710 52 55, www.bistum-trier.de/museum, di.-za. 9-17, zo. 13-17 uur, € 3,50, scholieren/studenten € 2

ETEN, SHOPPEN, SLAPEN

Overnachten

Vlak bij de Porta Nigra
ante porta – das Stadthotel
Dit moderne hotelletje ligt op circa 400 m van de Porta Nigra op een centrale locatie in de binnenstad. Het doet niet aan luxueuze uitspattingen als een wellnesscentrum en is daardoor relatief goedkoop.
Paulinstr. 66, tel. 0651 43 68 50, www.hotel-anteporta.de, 2 pk vanaf € 85

Hartelijk
Hotel Vinum ❷
Een (iets) goedkoper alternatief, vooral voor ouders met kinderen, want elders in het centrum van Trier is een gezinskamer niet bepaald goedkoop. In dit hotel bij het station werken mensen met en zonder beperking samen.
Bahnhofsplatz 7, tel. 0651 99 47 40, www.hotelvinum.de, 2 pk vanaf € 84

Eten en drinken

Ambtelijk
Burgeramt ❶
Dit filiaal van een hamburgerrestaurant in Berlijn is in Trier ingeslagen als een bom, want de creaties als de teriyakiburger of de 'Luxemburger' (met baconmarmelade) zijn echt superlekker. Van fastfood is niet per se sprake: omdat het hier vaak enorm druk is, doe je er verstandig aan een korte wachttijd in te calculeren.
Nagelstr. 18, tel. 0651 99 46 63 41, www.burgeramt.com, zo.-do. 11.30-21, vr., za. 11.30-23 uur, vanaf € 6,90

Duits-Franse vriendschap
Brasserie
Oké, het is niet bepaald een insidertip, maar dit restaurant aan de Hauptmarkt is gewoon mooi en de gasten blijven maar terugkomen. Midden in de binnenstad van Trier eet je hier klassiekers uit de Duitse en de Franse keuken.
Fleischstr. 12, tel. 0651 97 80 00, www.brasserie-trier.de, dag. 12-22 uur, vanaf € 13

Trier en de Boven-Moezel ▶ Trier

Welkom in Trier
Aom Ecken ❸

'Rosi' serveert al decennia *Flieten* (gebraden hanenvleugels) en bier in dit kroegachtige restaurantje, dat voor veel stedelingen een tweede huiskamer is. Soms moet je wat langer wachten op je eten, maar omdat je hier al snel in contact komt met een van de andere gasten is die tijd zo voorbij!
Maarstr. 45, tel. 0651 264 44, ma.-vr. vanaf 16 uur, vanaf ca. € 7

Winkelen

Puur genot
Das Weinhaus

Tegenover het Karl-Marx-Haus vind je deze leuke wijnhandel, waar in de schappen alle prominenten uit deze contreien vertegenwoordigd zijn.
Je kunt hier ook lunchen en daarbij een wijntje of een sekt uitproberen. Bovendien worden regelmatig lezingen over wijn gehouden.
Brückenstr. 7, tel. 0651 170 49 24, www.weinhaus-trier.de, ma.-vr. vanaf 10.30, za., zo. vanaf 11 uur

Dag, plastic!
Unverpackt ❷

In de zomer van 2016 bereikte deze trend ook Trier, toen twee jonge mensen deze winkel openden waar alle producten in de zelf meegebrachte verpakkingen van de klanten worden gedaan. Maar je kunt hier ook alleen een banaan of een appel voor onderweg kopen ...
Paulinstr. 65, tel. 0651 56 14 25 63, www.unverpackt-trier.de, ma.-vr. 9-19, za. 10-16 uur

Uitgaan

Allemaal theater
Het eerbiedwaardige **Theater Trier** ✹ heeft een turbulente tijd achter de rug. De sluiting die enkele jaren geleden dreigde, is afgewend en een nieuw directieteam moet het theater in rustiger vaarwater doen belanden. Het theater

Zwart is altijd in de mode.

heeft eigen ensembles voor toneel, ballet en muziektheater.
Am Augustinerhof, www.theater-trier.de, theaterkassa tel. 0651 718 18 18

Cultuur
De voormalige **Tuchfabrik** ❷ (lakenfabriek) is tegenwoordig het decor van een omvangrijk cultureel programma: concerten, cabaret, kleinkunst, kindertheater ...
Wechselstr. 4, tel. 0651 718 24 12, www.tufa-trier.de

Studentikoos feesten
Astarix ✹

Astarix is in 1979 opgericht door de algemene studentenvereniging (AStA) van de universiteit van Trier en is nog altijd een instituut in het studentenleven. Hier ontmoet men elkaar om een hapje te eten, een drankje te gebruiken, verhalen

Geduw en getrek op het erepodium: al lange tijd 'ruziën' Trier en Koblenz over de vraag wie zich na Mainz en Ludwigshafen de – op basis van het aantal inwoners – op twee na grootste stad van de deelstaat Rheinland-Pfalz mag noemen. Koblenz heeft lang op kop gelegen, maar op 31 december 2015 heeft Trier die positie overgenomen. Het inwonertal op die peildatum: 114.914, oftewel 2328 meer dan in Koblenz.

Wie geen wijndrinker is, hoeft in studentenstad Trier zeker niet op een droogje te zitten: er zijn hier proeflokalen van plaatselijke brouwerijen te over.

uit te wisselen of in het belendende Miss Marple's (dag. vanaf 20 uur) een sigaretje te roken.
Karl-Marx-Str. 11, tel. 0651 722 39, www. astarix-trier.de, ma.-za. vanaf 11.30, zo. vanaf 13 uur, vanaf ca. € 6

Sport en activiteiten

Boottocht op de Moezel
Rederij Kolb ❶ biedt een keur aan boottochten over de Moezel aan. Wie niet al teveel tijd heeft, zou op zijn minst een tochtje van één of twee uur moeten maken. Aan dek zitten en de stad en het landschap aan je voorbij laten trekken, alleen al de gedachte daaraan biedt ontspanning, of niet dan (tel. 0651 266 66, www.moselrund fahrten.de)?

Van straatzangers en gladiatoren
Behalve verschillende **stadswandelingen** met een gewone gids (75 min., 2 uur, speciaal voor kinderen) worden er ook een hele reeks met een verklede gids aangeboden. Zo kun je worden rondgeleid door een nachtwaker, een straatzanger of de drie *Trierer Mädercher*, die de geschiedenis van de stad vanuit het perspectief van de vrouw vertellen. 'Gladiator Valerius' neemt je mee naar het amfitheater, en in de Kaiserthermen kun je een 'dodelijke intrige' beleven. Voor nadere informatie over de wandelingen ga je naar het toeristenbureau.

INFO

Toeristenbureau: bij de Porta Nigra, tel. 0651 97 80 80, www.trier-info. de, mei-dec. ma.-za. 9-18, zo. 10-17, jan.-feb. ma.-za. 10-17, mrt.-apr. ma.-za. 9-18, zo. 10-15 uur.
Trein: op het centraal station van Trier stoppen alleen maar regionale stop- en sneltreinen.

EVENEMENTEN

Carnaval: hoogtepunten zijn het straatcarnaval dat op de donderdag voor Aswoensdag begint, de optochten in de binnenstad en Ehrang op carnavalsmaandag en de Schärensprung in het stadsdeel Biewer op carnavalsdinsdag.
Altstadtfest: eind juni. Groot openluchtspektakel met hardloopwedstrijd, amusementsprogramma en livemuziek.
Weihnachtsmarkt: vanaf de maandag na Eeuwigheidszondag tot en met 22 dec. Een van de mooiste kerstmarkten van Duitsland op de Hauptmarkt en de Domfreihof.

IN DE OMGEVING

Duister verleden
Van 1939 tot begin maart 1945 was er niet ver van Trier in de Hunsrück een interneringskamp voor arbeiders aan de Westwall (de westelijke verdedigingslinie van de Duitsers) die zich schuldig hadden gemaakt aan een strafbaar feit. Een tijdlang was dit SS-Sonderlager Hinzert, de huidige **Gedenkstätte SS-Sonderlager/KZ Hinzert** (E 6), ook een doorgangskamp voor gedeporteerden op hun verschrikkelijke reis naar Dachau, Buchenwald of Natzweiler. Sinds 1946 is dit een gedenkplaats en in 2005 werd hier een permanente tentoonstelling over de gruwelijkheden geopend.
An der Gedenkstätte, Hinzert-Pölert, tel. 06586 99 24 93, www.gedenkstaette-hinzert-rlp.de, di.-vr. 9-13, 14-17, za., zo. 14-17 uur, toegang gratis

Dan liever de lucht in!
Antonov An-26, Bell 47, Lockheed Super Constellation – wie alleen al bij het lezen van deze namen in vervoering raakt, moet beslist een bezoek brengen aan de **Flugausstellung Junior** in het in de Hunsrück gelegen Hermeskeil (F 6). In dit 80.000 m² grote particuliere luchtvaartmuseum met verscheidene hallen en buitenterreinen

Sinds een paar jaar wordt in plaats van 'Boven-Moezel' steeds vaker het mooiere 'Zuidelijke Wijn-Moezel' gehanteerd, een naam die oorstrelend is en culinaire associaties oproept. In het Groothertogdom aan de andere kant van de Moezel heet de weg langs de oever 'Luxemburgische Weinstraße'.

vind je 115 vliegtuigen en een grote tentoonstelling over de geschiedenis van de civiele en militaire luchtvaart. Even pauzeren kan in een café in een Concorde, waar je natuurlijk wordt bediend door stewardessen.
Habersberg 1, Hermeskeil, tel. 06503 76 93, www.flugausstellung.de, apr.-okt. dag. 10-17 uur, € 9, 4-14 jaar € 5

De mijn in
In het **Besucherbergwerk Barbara-Hoffnung** (E 6) in het Nossertal kun je teruggaan naar de tijd waarin dit gebied van de mijnbouw leefde. De twee boven elkaar gelegen leisteenmijnen werden in 1997 geopend. Een ondergrondse rondleiding duurt ongeveer een uur en je kunt hier veel informatie opdoen over de mijnbouw en het gebruik van leisteen.
Besucherbergwerk, Auf den Schiefergruben, Fell, tel. 06502 98 85 88, www.bergwerk-fell.de, apr.-okt. di.-zo. 10-18 uur, laatste rondleiding om 16.50 uur, € 7, 6-17 jaar € 4,50, gezin € 20

Konz C 6

Konz ligt aan de samenvloeiing van de Moezel en de Saar. Het stadje, ooit de zomerresidentie van de Romeinse keizer Valentinianus, heeft zelf ongeveer 18.000 inwoners, maar doet aan als buitenwijk van het slechts 8 km verderop gelegen Trier.

10

Jonge oude stad – onderweg in Echternach

Het oudste stadje in het Groothertogdom Luxemburg brengt niet alleen maar één keer per jaar pelgrims uit de hele wereld in vervoering. Bezoekers van Echternach (5600 inwoners) verbazen zich enerzijds over de historische en monumentale architectuur en anderzijds over de trendy, internationale atmosfeer.

De heilige Willibrordus in het abdijcomplex.

'Twee stappen naar voren en eentje terug'. Zo gaat het al eeuwenlang elk jaar op de dinsdag na Pinksteren, onder toeziend oog van duizenden toeschouwers. Zelfs wie nog nooit in Echternach is geweest of ook maar iets over het stadje heeft gehoord, het principe van de **Echternacher Springprocessie** zal de meeste mensen wel bekend voorkomen. Eigenlijk is het een religieuze processie, maar de twee-stappen-naar-voren-en-eentje-terug zijn inmiddels het symbool voor alles wat niet echt op gang wil komen.

Katholieke wortels

De bestemming van de Springprocessie – die sinds 2010 op de Lijst van Immaterieel Cultureel Erfgoed van de UNESCO staat – is het graf van de heilige Willibrordus, grondlegger van de abdij van Echternach, in de naar hem genoemde **Sint-Willibrordusbasiliek** 1. Tegenwoordig is de basiliek of de aanpalende **benedictijnenabdij** 2 het beginpunt van een korte wandeling door het oudste stadje van Luxemburg.

Tegenover het 7e-eeuwse klooster, dat van een indrukwekkende sobere schoonheid is, ligt een modern gebouwencomplex: het **cultureel en congrescentrum Trifolion** 3. Met circa tweehonderd evenementen per jaar behoort het tot de grootste centra van Luxemburg. Hier vindt ook het gerenommeerde Festival International Echternach plaats; gasten op dit sinds 1975 georganiseerde muziekfestvial waren onder anderen Benny Goodman en Montserrat Caballé.

Echternach is het hart van 'Luxemburgs Klein-Zwitserland', ook wel het 'Müllerthal' genoemd. Dit gebied is vooral geliefd onder wandelaars.

Eten en winkelen

Loop verder door het centrum van Echternach naar de **Marktplatz** 4, waar brasserieën met sympathieke namen als 'Beim Wohli' of 'Beim Laange Veit' tal van bezoekers trekken. Vooral op zwoele avonden smaakt een biertje of een glas elbling hier bijzonder goed.

Het voetgangersgebied van Echternach grenst aan de historische Marktplatz: de **'Halergaas'** 5. Ook hier is er wel enige leegstand, maar in vergelijking met de winkelstraten in veel andere stadjes is deze bijzonder levendig. Je doet hier ook steeds weer onverwachte ontdekkingen: zo exploiteert vanaf eind 2016 een politieagent een 'Pompöös'-winkel van de excentrieke modeontwerper Harald Glööckler.

Muziekkapellen verzorgen de muzikale achtergrond bij de processie.

INFO EN OPENINGSTIJDEN
Bereikbaarheid: Echternach ligt in het oosten van Luxemburg aan de grens bij Echternacherbrück in het zuiden van de Eifel. Vanuit Trier is het ongeveer een halfuurtje rijden (en je kunt onderweg meteen even goedkoop tanken). Rond het centrum van Echternach zijn verschillende grote parkeerplaatsen. Met de trein kun je vanuit Luxemburg, Wasserbillig en Ettelbrück naar Echternach.
Internet: https://web.cathol.lu/991/mouvements/oeuvre-saint-willibrord/willibrordus-bauverein/

ETEN EN DRINKEN
Niet weinig bezoekers komen op de eerste plaats of uitsluitend vanwege het culinaire aanbod. In het centrum van Echternach vind je een grote keus aan gerechten en dranken uit de hele wereld. Zo kun je bij **café Virus** 1 (47, rue de la Gare, tel. 00352 28 77 33 34, www.virus-cafe.com, dag. 9-1 uur, *menu du jour* € 12,90) een authentieke Portugese *pica-pau* eten en krijg je een indrukwekkende ginkaart gepresenteerd. **Hostellerie de la Basilique** 2 biedt authentieke Luxemburgse gerechten op een mooie locatie (7-8, place du Marché, tel. 00352 72 94 83, www.hotel-basilique.lu, vr.-di. 12-14, do.-di. 18-21 uur, vanaf € 14).

Uitneembare kaart: B/C 5

Trier en de Boven-Moezel ▶ Konz

Er was eens...

Op een voormalige pachtboerderij van de Sint-Matthiasabdij in Trier is in de jaren zeventig van de vorige eeuw het **openluchtmuseum Roscheider Hof** ingericht. Op een circa 4000 m² groot terrein wordt aanschouwelijk gemaakt hoe de mensen vroeger leefden en werkten aan de Moezel en de Saar. Je vindt hier volkskundige tentoonstellingen, museumdorpen uit verschillende regio's en een museum met tinnen figuren en speelgoed. Het restaurant met de biergarten en de kinderspeelplaats kan ook onafhankelijk van het museum worden bezocht. Het hele jaar door vindt een keur aan evenementen plaats, zoals een kerstmarkt.

Roscheiderhof 1, tel. 06501 927 10, www.roscheiderhof.de, apr.-okt. di.-vr. 9-18, za., zo. 10-18, nov.-mrt. di.-vr. 9-17, za., zo. 10-17 uur, huizen in de openlucht 's winters gesl., € 5, scholieren € 4, 6-14 jaar € 2, gezinskaart € 12; restaurant: tel. 06501 983 27 20, www.roscheider-hofschaenke.de, apr.-okt. di.-zo. 11-18, nov.-mrt. di.-za. 17-22, zo. 11-18 uur

🍴 Insidertip
Landhaus Euchariusberg
In het stadsdeel Obermennig ligt enigszins verscholen aan de voet van de Euchariusberg dit gelijknamige hotel en restaurant. In een bijzonder (kind-)vriendelijke ambiance eet je hier regionale specialiteiten vergezeld van saarwijn uit eigen teelt. Bij mooi weer kun je op het terras plaatsnemen.

Am Großschock 7, tel. 06501 133 62, www.euchariusberg.de, di.-za. vanaf 15, zo. vanaf 10 uur, vanaf € 7

ℹ️ Info en evenementen
Toeristenbureau: Saar-Obermosel-Touristik, Saarstr. 1, tel. 06501 601 80 40, www.saar-obermosel.de, mei-okt. ma.-vr. 9-18, za. 10-14, nov.-mrt. ma.-vr. 9-17, apr. ma.-vr. 9-18 uur.
Heimat- und Weinfest: half juli.
Old- en youngtimershow, livemuziek en vuurwerk aan de Marktplatz.

Dit was het eerste gebouw dat eind jaren zeventig van de vorige eeuw waarheidsgetrouw werd herbouwd in het openluchtmuseum Roscheider Hof: het Dorfsrathaus was in 1749 in Gödenroth gebouwd als onderkomen voor herders en werd later omgebouwd tot stadhuis.

Trier en de Boven-Moezel ▶ Nittel

In de streek rond Nittel is het de moeite waard om de wandelschoenen onder te binden. Je loopt hier door wijngaarden met elblingstokken en aan de andere kant van de Moezel lonkt Luxemburg.

Nittel 🗺 C 7

Te midden van dolomiet- en kalksteenrotsen ligt het dorpje Nittel (2000 inwoners), dat al eeuwenlang wordt beheerst door de wijnbouw. Er zijn hier ongeveer 25 wijnboerderijen. Drie kwart van hun teeltgebied is gereserveerd voor de elbling – een record.

De Nitteler Fels
In Nittel heeft de natuur iets heel bijzonders gecreëerd: een indrukwekkend rotslandschap. Het **natuurgebied Nitteler Fels** is dankzij het gunstige klimaat het leefgebied van vele zeldzame planten, orchideeënsoorten, vogels, reptielen, vleermuizen en insecten. Je kunt het gebied verkennen via verschillende paden en wegen, zoals het 15 km lange rotspad dat steeds weer mooie uitzichten op Luxemburg en het Moezeldal biedt.

🍴 Gerenommeerd
Culinarium
De voormalige Duitse wijnkoningin Carina Curman-Dostert en haar man Walter runnen in wijnhuis Matthias Dostert een restaurant dat regionaal goed aangeschreven staat. Met kookschool en gastenverblijf 'Schlafgut'. Weinstr. 5, tel. 06584 914 50, www.culinarium-nittel.de, wo.-za. vanaf 18, zo. 12-14 uur, vanaf € 18,50

🍴 Het beste uit veel keukens
Restaurant Novum
Sinds de lente van 2017 zwaaien Kenneth en Anja Pfaffenberger de scepter in dit restaurant in een omgebouwde koestal van wijnhuis Frieden-Berg. De menukaart neemt je mee voor een reis dwars door Europa. Weinstr. 19, tel. 06584 990 70, www.restaurant-novum.de, apr.-okt. ma., wo.-vr. 17.30-24, za., zo. 11.30-24, nov.-mrt. ma., do., vr. 17.30-24, za., zo. 11.30-15, 17.30-24 uur, vanaf ca. € 15

EDUCATIEF

In 2009 werden op een tentoonstelling in Nittel resten van een mammoet gepresenteerd die in 1875 bij de aanleg van een spoorwegtunnel waren gevonden. Enkele jaren later werd een **educatief geologisch pad** aangelegd, met informatieborden over verschillende mammoetvondsten en bijzonderheden over deze streek.

Het drielandenpunt

Wie langs de Moezel reist, gaat regelmatig een grens over: die tussen Rheinland-Pfalz en het Saarland of die tussen Luxemburg en Frankrijk, waar de rivier ineens 'Musel' of 'Moselle' heet. Dit drielandenpunt is een echt Europees gebied en het was dan ook niet meer dan logisch dat hier in een klein Luxemburgs wijnbouwdorp een heel bepalende koers voor Europa werd uitgestippeld. En de mensen waren toch al lang heel vanzelfsprekende grensarbeiders.

Het drielandenpunt ▶ Palzem

Palzem 🕮 B 7

Palzem, ooit als paleis Palatiolum door de Romeinen gebouwd, is een mooi wijndorpje met ongeveer 1200 inwoners. In de zuidelijkste wijnbouwgemeente van Rheinland-Pfalz en het Moezelgebied zijn Frankrijk, Luxemburg en het Saarland heel dichtbij.

Met de tractor naar het verleden
In het twee verdiepingen hoge **Bulldog- und Landmaschinenmuseum** worden tractoren en historisch gereedschap tentoongesteld. Je krijgt hier een interessante indruk van het werk dat in de eerste helft van de vorige eeuw op het platteland moest worden verzet.
Thorner Str. 7, Kreuzweiler, tel. 06583 13 51, www.bulldog-museum-kreuzweiler.de, mei-okt. eerste en derde za. 13-17 uur, € 2, kinderen tot 14 jaar gratis

Vorstelijke wijn
Boven Palzem ligt **Schloss Thorn** (🕮 B 7), een omgebouwde burchtruïne die alleen al vanwege de imposante gebouwen en het prachtige terrein een bezoekje waard is. En dan is dit ook nog een wijnboerderij die een uitstekende wijn produceert. Voor de goede reputatie van de riesling, elbling, pinot blanc en sauvignon blanc van Schloss Thorn is baron Von Hobe-Gelting verantwoordelijk, wiens familie het kasteel al decennialang in eigendom heeft. Je kunt hier ook overnachten – en, anders dan je misschien zou denken, voor een heel redelijke prijs.
Tel. 06583 433, www.schloss-thorn.de, proeflokaal Vinaria: ma.-vr. 9-11 uur en op aanvraag, apr.-okt. ook dag. 14-18 uur

🕓 Blootsvoets over het water
Voor liefhebbers van de nichesport **blootsvoets waterskiën** is Palzem een hotspot. Boven de sluis Palzem-Stadtbredimus, tussen kilometer 230,6 en 231,5 van de Moezel, kun je met een beetje geluk zien hoe de sporters over het water scheren.

Perl 🕮 B 8

Ja, er is ook een plaats aan de Moezel die in het Saarland ligt: de grote gemeente Perl, die ongeveer 8500 inwoners telt. De afzonderlijke dorpen Perl, Borg en Nennig staan bekend om de toprestaurants en -hotels en om de getuigen van de Romeinse cultuur.

Sporen van de Romeinen
Het grootste **Romeinse mozaïek** ten noorden van de Alpen bevindt zich in **Perl-Nennig**. Niet alleen de afmetingen zijn indrukwekkend (160 m²), maar ook de uitstekende staat waarin het verkeert. Het tapijt van steentjes dat de Romeinen in de 3e eeuw in een villa legden, is nagenoeg intact. Het mozaïek is in 1874 gereconstrueerd en in 1960 gerestaureerd (Römische Villa Nennig, Römerstr. 11, tel. 06866 13 29, www.kulturbesitz.de, apr.-sept. di.-zo. 8.30-12, 13-18, mrt., okt., nov. di.-zo. 9-12, 13-16.30 uur).
Wie zich nog wat verder wil onderdompelen in de Romeinse cultuur, moet een bezoek brengen aan **Borg**. Daar staat een gereconstrueerde **villa rustica** met een Romeins badhuis en een taverne, waar gerechten naar recepten van de Romeinse kok Apicius (ca. 25 v.Chr.-

PROOST!

Palzem en de regio Saar-Obermosel staan bekend om twee bijzondere drankjes die alleen hier te vinden zijn. Als eerste is dat **elbling**: een sprankelende, meestal droge witte wijn. In de middeleeuwen was dit de druivensoort die het meest in Duitsland werd verbouwd. Het tweede drankje is **viez**: appelwijn. In Trier en Merzig zijn er zelfs feesten aan gewijd.

Het drielandenpunt ▶ Perl

Zijn leeftijd is hem niet aan te zien: het Romeinse mozaïek in Perl is meer dan 1800 jaar oud. Zes achthoekige afbeeldingen vormen een soort 'amfitheaterstrip', de zevende en grootste, een vierkant, verbeeldt twee strijdende gladiatoren.

42 n.Chr.) worden geserveerd (Im Meeswald, tel. 06865 911 70, www.villa-borg.de, apr.-okt. di.-zo. 10-18, feb.-mrt., nov. di.-zo. 11-16 uur; taverne: tel. 06865 91 17 12, www.taverne-borg.de, apr.-okt. di.-zo. 11-18, feb.-mrt., nov. di.-zo. 11-16, dec. zo. 11-16 uur).

Groene vingers

De baroktuin in het park van Perl-Nell, de Romeinse tuinen van de Villa Borg en de kruidentuin in Schengen – deze drie en nog eens twintig andere tuinen in Duitsland, Frankrijk en Luxemburg maken deel uit van het netwerk **'Gärten ohne Grenzen'**. Een overzicht van de deelnemende tuinen en de evenementen die er georganiseerd worden, vind je op www.gaerten-ohne-grenzen.de.

❶ Info en evenementen
Toeristenbureau: Schengener Eck, Trierer Str. 28, tel. 06867 660, www.perl-mosel.de, ma.-vr. 8.30-12, di. 13.30-18, do. 13.30-15.30 uur.
Quiriniusritt: de dagen rond 1 mei

Let op, nu wordt het een beetje ingewikkeld. Een beetje maar. Perl is de enige wijnbouwgemeente van het Saarland, maar hoort bij het teeltgebied Moezel. De saarwijn wordt in Rheinland-Pfalz verbouwd, namelijk in Saarburg, Konz en omgeving.

Heerlijk wandelen – de Moselsteig

Als je elke dag één kilometer op de Moselsteig zou wandelen, heb je hem na een jaar helemaal gelopen: exact 365 km telt het langeafstandswandelpad van Perl aan de Boven-Moezel naar Koblenz aan de Deutsches Eck. Praktisch genoeg volgt het pad niet alleen de loop van de Moezel, maar voert het ook langs alle belangrijke bezienswaardigheden in het Moezelgebied.

Dat begint goed: de eerste etappe van de Moselsteig is meteen ook de langste. Over een afstand van 24 km voert de route van de Duits-Frans-Luxemburgse grensplaats **Perl** in het Saarland naar **Palzem** in Rheinland-Pfalz. De wandeling neemt zes tot zeven uur in beslag, afhankelijk van je conditie en wandeltempo. Het mooie is de veelheid aan indrukken: je loopt door bossen, door weilanden en langs wijngaarden en onderweg zorgen bloemen en velden met koolzaad voor afwisseling, net als de mooie uitzichten op Luxemburg.

Grensgangers op het drielandenpunt

Vanaf hotel-restaurant Maimühle naast het station van **Perl** 1 loop je naar het **drielandenpunt** iets boven de plaats, vanwaar je een prachtig uitzicht hebt. Dit is het officiële startpunt van de etappe. De eerste kilometers van de Moselsteig zijn gelijk aan die van de Saar-Hunsrück-Steig. Bovendien volgt de route een tijdlang het grenspad tussen Duitsland en Frankrijk. Na een inspannend steil stuk kun je een eerste rustpauze nemen in een schuilhut op de **Hammelsberg** 2.

Geschiedenis in het voorbijgaan

Dat je hier kunt uitrusten, heb je te danken aan de 'Tourismusstrategie 2015' die de deelstaat Rheinland-Pfalz in 2008 heeft uitgestippeld. Anders zou het langeafstandswandelpad er namelijk niet zijn geweest. In dat document zijn vier sleutelthema's gedefinieerd waarop het toerisme

De Moselsteig bestaat uit 24 etappes. De eerste is met 24 km de langste. De kortste (11 km) loopt van Neef naar Ediger-Eller. Voor wie daar nog niet genoeg aan heeft, zijn er de zogeheten 'Traumpfade' en 'Seitensprünge', rondwandelingen van een halve of een hele dag.

De Moselsteig #11

zich zou moeten richten: wandelen, fietsen, wijn/wijncultuurlandschap en gezondheid. De in de lente van 2014 geopende Moselsteig verbindt al deze thema's met elkaar – en als het ware in het voorbijgaan leert de wandelaar iets over de boeiende geschiedenis van het Moezelgebied van de afgelopen tweeduizend jaar. Tenslotte voert de route langs belangrijke cultuurmonumenten als de Porta Nigra in Trier, het wijnschip in Neumagen, de Reichsburg Cochem en de burcht Eltz.

Bezinning

Hierna voert de eerste etappe verder door gemengd bos, waar het lichtjes omlaag gaat. 'Neem even de tijd om naar de stem van het bos te luisteren' staat bij een boom. Tijd voor bezinning is er genoeg: langs fruitbomen, in het dorp **Wochern** 3, bossen en **Tettingen** 4 passerend. Bos en koolzaad, een opgedroogde beek en steeds weer een prachtig uitzicht op het rivierdal – dan ben je alweer in **Palzem** 5 en heb je de eerste etappe gehaald. Gelukkig zijn er nog 23.

Vermoeiend, maar absoluut de moeite waard – wie de Moselsteig loopt, wordt beloond met mooie uitzichten.

INFO

Een overzicht van alle etappes, *Seitensprünge* en *Traumpfade* van de Moselsteig vind je op **www.moselsteig.de**. De website biedt ook informatie over accommodatie die gespecialiseerd is in wandelaars en interessante arrangementen biedt, bijvoorbeeld met vervoer van bagage. Bovendien kun je via de site brochures en kaarten bestellen of downloaden.

ETEN EN DRINKEN

Restaurants zijn te vinden in startplaats Perl, zoals hotel-restaurant **Maimühle** 1 (Bahnhofstr. 100, tel. 068 67 911 31 70, www.maimuehle.de) bij het officiële beginpunt van de Moselsteig, en in finishplaats Palzem. Zo is het recentelijk verbouwde restaurant **Zur Moselterrasse** 2 een bezoek waard (Bahnhofstr. 3, tel. 06583 610, www.hotel-zur-moselterrasse.de). Het is ook leuk om een rugzak met proviand te vullen, want onderweg kom je langs enkele mooie, ook overdekte **rust- en picknickplaatsen**.

Uitneembare kaart: B 7/8

Waar de Europese geest springlevend is – Schengen

De naam van een piepklein wijndorp aan de Moezel staat al vele jaren symbool voor de open grenzen in Europa. Aan boord van de Princesse Marie-Astrid, die bij Schengen voor anker lag, werd op 14 juni 1985 met de ondertekening van het Verdrag van Schengen de basis daarvoor gelegd.

Benzine en koffie. Die twee exporthits nam je vroeger mee naar huis van een bezoek aan de Duits-Frans-Luxemburgse grensplaats Schengen. Nog altijd nemen veel bezoekers benzine en koffie mee – en informatie over de ontwikkeling van de Europese Unie en in het bijzonder over de afschaffing van de grenscontroles, waarover ruim dertig jaar geleden precies op deze plek een akkoord werd gesloten. En misschien pikt iemand ook wel iets op van dat Europese wijgevoel, dat in de afgelopen jaren toch wel erg op de proef is gesteld.

In één klap beroemd

Op 13 juni 2010 werd in een markant gebouw van de architect François Valentiny het **Europäisches Museum (Musée européen) Schengen** 1 geopend. De kleine permanente tentoonstelling is in beeld en geluid gewijd aan de gebeurtenis die het Moezeldorp een kwart eeuw daarvoor in één klap beroemd had gemaakt: vertegenwoordigers van Duitsland, Frankrijk, Luxemburg en de Beneluxlanden ondertekenden op 14 juni 1985 het Verdrag van Schengen over de stapsgewijze beperking van personencontroles aan hun binnengrenzen.

Tot zover de theorie. Het museum maakt aanschouwelijk hoeveel eenvoudiger het vrije verkeer van personen het dagelijks leven van mensen maakt die bijvoorbeeld met honderdduizenden tegelijk tussen hun woonplaats in Duitsland en hun werkplaats in Luxemburg pendelen – of

Drie stalen stèles vormen het monument voor het Verdrag van Schengen aan de oever van de Moezel. Het maakt deel uit van een cultureel parcours dat in heel Luxemburg 'plaatsen van herinnering en toekomst' markeert.

omgekeerd. Maar ook voor welke uitdagingen de veiligheids- en de belastingdienst zich gesteld zien op het gebied van de grensoverschrijdende criminaliteit.

Een uurtje en dan verder

Een interactieve kaart met informatie over de bewogen geschiedenis van de grenzen in Europa, een animatie over het thema grens, een eigen Schengen-paspoort voor kinderen – zowel kleine als grote bezoekers kunnen zich best een klein uurtje vermaken in het museum. Je moet alleen niet teveel verwachten van Schengen zelf, want veel meer dan het museum en een speelplaats aan de Moezel heeft het circa 500 zielen tellende dorp niet te bieden. Afgezien van een paar benzinestations natuurlijk.

En het schip?

Het schip waarop het Verdrag werd bezegeld, is jammer genoeg niet meer te bezichtigen. De *Princesse Marie-Astrid* – het tweede stoomschip met die naam – pendelde tot 1992 op de Moezel en werd daarna verkocht. Inmiddels brengt de derde opvolger in rij onder Luxemburgse vlag passagiers naar Trier, Grevenmacher of Bernkastel (dienstregeling, evenementen en prijzen op www.ententemoselle.lu).

Naast het **Europamonument** 2 aan de oever van de Moezel begroet Michail Gorbatsjov de bezoekers vanaf een stuk van de **Berlijnse Muur**. Hoe het cadeau van een ondernemer hiernaartoe is gekomen, kun je op the-wall-net.org lezen.

INFO EN OPENINGSTIJDEN

Europäisches Museum (Musée européen) Schengen 1 : 6, rue Robert Goebbels, tel. 00352 26 66 58 10, www.visitschengen.lu, Pasen-okt. dag. 10-18 uur, nov.-Pasen dag. 10-17 uur, toegang gratis. Parkeren aan de Moezel.

ETEN EN DRINKEN

Het café **An der aler Schwemm** 1 naast het museum (tel. 00352 26 66 57 39, dag. 10.30-22.30 uur) heeft dan misschien geen culinaire hoogstandjes te bieden, maar wel een heel bijzondere sfeer. Het is ook populair bij de lokale

bevolking, want op zondagmiddag is er vaak haast geen tafeltje meer te krijgen. Voor een stuk taart of een glas grauburgunder uit de streek ben je hier beslist aan het juiste adres.

Uitneembare kaart: B 8

zijn gewijd aan de heilige Quirinius. Het hoogtepunt is de Quiriniusrit, een processie met prachtig versierde paarden en een kleurrijk randprogramma.

Luxemburg-Stad

A 7, plattegrond ▶ blz. 9697

Dankzij de delicatessenzaken en de terrassen doet Luxemburg-Stad op sommige plekken aan als Parijs in het klein. De ligging en de architectuur van de stad zijn weergaloos: de verschillende plateaus, de diepe dalen waarover zich bruggen uitstrekken, bochtige straatjes, moderne gebouwen van staal en glas, de overblijfselen van een ooit trotse vesting en natuurlijk de beroemde kazematten.

Klein, maar ...
Centrum en hoofdstad van het land, bestuurszetel van de Europese Unie en internationaal financieel centrum – Luxemburg-Stad mag dan met 115.000 inwoners een van de kleinere Europese hoofdsteden zijn, het gaat er hier beslist levendig aan toe. Omdat 70 % van de inwoners buitenlander is – 90 % van hen is overigens afkomstig uit de andere EU-landen –, heerst er een multiculturele atmosfeer.

BEZIENSWAARDIGHEDEN

De bakermat van de stad
Tijdens een rondwandeling door de ondergrondse **Bock-kazematten** 1 word je haast weer kind: je kunt je hier in erkers verstoppen, vol spanning afwachten wat er achter de volgende bocht wacht, door kleine luikjes kijken en dan ineens een fantastisch uitzicht hebben. De in het steen van de Bockrots uitgehouwen kazematten zijn een uniek labyrint van grotten en gangen dat zich over enkele kilometers uitstrekt. Als je meegaat op een rondleiding krijg je achtergronden over het ontstaan van de kazematten in de 17e eeuw en over de verschillende heersers over Luxemburg en de militaire confrontaties die in de loop van de tijd hebben plaatsgevonden.

De Place d'Armes in hartje Luxemburg-Stad biedt een aaneenschakeling van terrassen waar je de kleurrijke internationale wereld van de Luxemburgse hoofdstad aan je voorbij kunt zien trekken.

Montée de Clausen, www.lcto.lu, apr.-sept. dag. 10-20.30, half feb.-mrt., okt.-nov. dag. 10-17.30 uur, € 6, studenten € 5, kinderen € 3, **rondleidingen:** apr.-sept. dag. 11, 16, 18 uur, € 6, studenten € 5, kinderen € 3

Hallo, groothertog!
Luxemburg heeft iets unieks te bieden, want het is het enige groothertogdom ter wereld. De huidige monarchen, Henri van Nassau en zijn echtgenote Maria Teresa, wonen in Schloss Berg bij Ettelbrück. Het **Palais Grand-Ducal** 2 is hun officiële residentie in de hoofdstad, waar ze staatsgasten ontvangen en hun kantoor hebben. Het gebouw heeft een prachtige gevel in de stijl van de Vlaamse renaissance. In de zomermaanden worden rondleidingen door de eveneens prachtig ingerichte vertrekken gegeven.
17, rue du Marché-aux-Herbes, tel. 00352 474 87 41, half juli-begin sept. dag. 9-17 uur, € 12, 4-12 jaar € 6, info/reservering bij het toeristenbureau (▶ blz. 98)

MUSEA

Rond en hoekig
In juli 2006 ging na een jarenlange strijd een wens in Luxemburg in vervulling met de opening van het Musée d'Art Moderne Grand-Duc Jean, kortweg: **Mudam** 3. Het is gevestigd in een spectaculair gebouw op het terrein van **Fort Thüngen** op het Kirchberg-plateau en ook aan de buitenkant beslist bezienswaardig. De tentoonstelling is gewijd aan de moderne kunst: schilderij- en beeldhouwkunst, fotografie, architectuur en installatiekunst. Tot de collectie behoren werken van de beroemdste Duitse fotografen van de afgelopen decennia: Andreas Gursky, Bernd en Hilla Becher, Thomas Struth, Wolfgang Tillmans en Thomas Ruff.
3, Park Dräi Eechelen, tel. 00352 453 78 59 60, www.mudam.lu, do.-ma. 10-18, wo. 10-23 uur, € 7, tot 21 jaar en studenten toegang gratis

De stadsgeschiedenis
'The Luxembourg Story' heet de in 2017 geheel bijgewerkte permanente tentoonstelling over de geschiedenis van Luxemburg-Stad in het **Lëtzebuerg City Museum** 4. Objecten, foto's, films en multimediale opstellingen nemen de bezoeker mee naar verleden en heden in de ruim duizend jaar oude stad. Hierbij gaat het de makers niet alleen om informatie, maar ook om interactie. Tijdelijke tentoonstellingen zijn gewijd aan alle mogelijke aspecten van cultuur en maatschappij.

WANDELING DOOR DE GESCHIEDENIS

Langs vestingmuren, door kazematten, via citadellen – het **Circuit Wenzel** (▶ rode lijn op de plattegrond blz. 9697) voert door de duizendjarige geschiedenis van Luxemburg-Stad. Enkele vestingen en de historische kern van de binnenstad staan sinds 1994 op de Werelderfgoedlijst van de UNESCO. Wie niet op eigen houtje wil rondlopen, kan een rondleiding boeken (Engels-, Duits- of Franstalig) bij het toeristenbureau (▶ blz. 98).

Het **inwonertal** van Luxemburg-Stad is in het recente verleden nagenoeg geëxplodeerd. Woonden er in het jaar 2000 nog circa 80.000 mensen in de stad, in 2016 waren het er al 115.000. En minstens zoveel werknemers komen elke dag als forens. Je kunt het vooral tijdens het spitsuur merken. Van 7 tot 9 en van 17 tot 18.30 uur loopt het verkeer vaak helemaal vast. Ook een parkeerplaats zoeken kan een zenuwslopende bezigheid zijn. Een uitstapje naar Luxemburg-Stad met trein of bus is dan ook meer dan alleen het overwegen waard.

LUXEMBURG-STAD

Bezienswaardig
1. Bock-kazematten
2. Palais Grand-Ducal
3. Mudam
4. Lëtzebuerg City Museum

Overnachten
1. Hôtel Français
2. Carlton

Eten en drinken
1. A La Soupe
2. Golden Bean
3. Lux'Burgers

Winkelen
1. Grand Rue
2. Kaempff-Kohler
3. Bastelkiste

Uitgaan
1. Philharmonie
2. Rives de Clausen

14, rue du Saint-Esprit, tel. 00352 47 96 45 00, www.citymuseum.lu, di.-wo., vr.-zo. 10-18, do. 10-20 uur, € 5, tot 21 jaar/studenten gratis, tot 26 jaar/senioren € 3

ETEN, SHOPPEN, SLAPEN

Overnachten

Zoals verwacht mag worden in een zaken- en bestuurscentrum is het aanbod aan hotelkamers groot en het prijsniveau vooral doordeweeks hoog. Bovendien wordt de markt door grote ketens gedomineerd. In het weekend zijn er vaak wel koopjes te vinden.

Kunst
Hôtel Français
Dit hotel dateert uit de jaren twintig van de vorige eeuw en is sinds 1968 in eigendom van de familie Simoncini. Het is centraal gelegen, heeft een goed restaurant en is smaakvol ingericht met moderne kunst.
14, place d'Armes, tel. 00352 47 45 34, www.hotelfrancais.lu, 2 pk vanaf € 125

Tijdreis
Carlton ❷
Dit schone en charmante hotel is gevestigd in een mooi oud gebouw dat binnen voorzien is van allerlei leuke jugendstilelementen. Het Carlton is misschien wat op leeftijd, maar ligt centraal bij het station en is voor Luxemburgse begrippen echt goedkoop.
7-9, rue de Strasbourg, tel. 00352 29 96 60, www.carlton.lu, 2 pk vanaf € 90

Eten en drinken

Voor liefhebbers van soep
A La Soupe ❶
Groentesoep, vissoep, Luxemburgse *bouneschlupp* – dit kleine restaurantje verkoopt het allemaal, maar er staan ook sandwiches, salades en desserts op de kaart. De prijzen zijn voor de Luxemburgse hoofdstad laag te noemen. Er zijn vier filialen in de stad.
9, rue Chimay, tel. 00352 26 20 20 47, www.alasoupe.net, ma.-vr. 10-19, za. 10-18 uur, vanaf € 3,90

En nu een kop koffie
Golden Bean ❷
Dit is het Luxemburgse antwoord op Starbucks! Je haalt een koffiespecialiteit en een zoete lekkernij bij de grote toog en strijkt neer in een fauteuil of op de bank. Het goede gevoel ontstaat hier vanzelf, want de koffie is niet alleen goed, maar komt ook nog eens voor een eerlijke prijs rechtstreeks van de koffieboeren. Filiaal in Esch sur Alzette.
23, rue Chimay, tel. 00352 26 20 36 60, www.goldenbean.lu, ma.-vr. 7-19, za., zo. 9-19 uur

Lekker
Lux'Burgers ❸
Wie 's middags trek krijgt in een hamburgertje met een portie patat erbij hoeft niet per se een van de ook in Luxemburg-Stad zeer goed vertegenwoordigde filialen van een fastfoodketen op te zoeken. Bij Lux'Burgers is alles zelfgemaakt– en dat proef je.

Het drielandenpunt ▶ Luxemburg-Stad

17, Rue de Bonnevoie, tel. 00352 26 19 00 70, ma.-do. 11.30-14, vr. 11.30-14, 19-22 uur, vanaf ca. € 15

🛍 Winkelen

Te kust en te keur
Winkelstraat Grand Rue
Internationale merken, mode voor de massa, interessante delicatessenwinkels zoals **Kaempff-Kohler** 🟢 aan de nabijgelegen Place Guillaume II, snackbars en chique eetgelegenheden – dat allemaal hebben de Grand Rue en de straten eromheen te bieden.
Grand Rue

Evergreen
Bastelkiste 🟢
Deze reusachtige hobbywinkel doet al ruim dertig jaar zijn voordeel met de 'do it yourself'-trend. Kunstenaars, kleermakers en knutselaars vinden hier niet alleen alle denkbare materialen die ze voor hun werk of hobby nodig hebben, van stoffen tot acrylverf, maar doen ook de nodige inspiratie en ideeën op.
17, rue du Fort Elisabeth, tel. 00352 40 05 06, www.bastelkiste.lu, ma.-za. 9-18 uur

☀ Uitgaan

Klassiek
In de **Philharmonie** 🟢 in het stadsdeel Kirchberg geeft het Filharmonisch Orkest van Luxemburg zijn concerten. Ook gastmusici geven regelmatig acte de présence in het concertgebouw, dat de vorm van een oog heeft.
1, place de l'Europe, tel. 00352 260 22 71, www.philharmonie.lu

Aan de oever van de Alzette
Op het terrein van een voormalige brouwerij is enkele jaren geleden met **Rives de Clausen** 🟢 een eldorado voor nachtbrakers ontstaan, met bars, restaurants en discotheken.

INFO

Toeristenbureau: Tourismusbüro der Stadt Luxemburg, 30, Place Guillaume II, tel. 00352 22 28 09, www.lcto.lu, apr.-sept. ma.-za. 9-19, zo. 10-18, okt.-mrt. ma.-za. 9-18 uur.
Trein: het drukke station van Luxemburg-Stad is het knooppunt van het treinverkeer in het Groothertogdom. Vanaf hier rijden treinen naar België, Frankrijk en Duitsland, in het laatste geval via Trier en Cochem naar Koblenz.
Bus: een goedkoop, maar niet bepaald snel alternatief voor de trein is de langeafstandsbus. Vanuit Luxemburg-Stad kun je steden in de omliggende landen bereiken.
Regionaal vervoer: met 31 stadsbuslijnen en enkele nachtbussen is het regionaal vervoer in en rond Luxemburg-Stad uitstekend geregeld. Met de **'autobus'** kun je ook afgelegen wijken en plaatsjes in de omgeving van de hoofdstad bereiken.

WINKELFEEST

Stater Braterie – deze 'uitverkoop' in Luxemburg-Stad, waar elk jaar circa 200.000 mensen op afkomen, heeft sinds 1929 een vaste plek op de Luxemburgse evenementenkalender. Begin september ontmoeten handelaren en koopjesjagers elkaar in de binnenstad.

EVENEMENTEN

Summer in the City: jun.-sept. Groot cultureel festival met tal van klassieke en popconcerten, een openluchtbioscoop, een kinderprogramma, tentoonstellingen en theater.
Schueberfouer: eind van de zomer. Jaarmarkt op het Champ des Glacis die teruggaat tot 1340, met veel kermisattracties en kraampjes met eten en drinken (http://fouer.lu).

Het drielandenpunt ▶ Saarburg

De Philharmonie, een ontwerp van de Franse architect Christian de Portzamparc, opende in 2005 zijn deuren op het Kirchberg-plateau. De kleinste van de drie zalen biedt plaats aan 180 toeschouwers, de grootste aan 1400.

Kerstmarkt: tot 24 dec. Op verschillende locaties in de binnenstad nodigen houten chalets uit tot eten, drinken en snuffelen.

IN DE OMGEVING

Het vuur uit de sloffen
'Luxemburgs Klein-Zwitserland' wordt de regio **Müllerthal** (www.muller thal.lu) ook wel genoemd. De regio omvat vijftien gemeenten, waaronder Echternach (▶ blz. 82). Door de met rotsen en kloven bezaaide biotoop loopt de bijzonder populaire, 112 km lange **Müllerthal Trail** (http://muller thal-trail.lu).

Saarburg 📍 C 7

Het kleine Saarburg telt maar 7000 inwoners, maar heeft zo veel interessants te bieden dat een dag niet voldoende is. Een eerste overzicht van de attracties in het idyllische stadje aan de Saar en de Leukbach krijg je vanuit de Saartalbahn (▶ blz. 100). En dat is niet het enige aparte vervoermiddel hier.

Water genoeg
De bijnaam 'Klein-Venetië' heeft Saarburg te danken aan de prachtige verzameling bruggetjes, cafés, vakwerkhuizen en de **waterval van de Leukbach** in het centrum. Vanaf een ijzeren bruggetje kun je het schouwspel bekijken: via verscheidene niveaus stort het water zich 17 m omlaag de diepte in, waar de watermolens van het stadje staan. De hele constructie dateert uit de 11e-12e eeuw en beoogde de Leukbach te laten uitwateren in de Saar, een voor die tijd haast visionair besluit.

Amusant!
In het **Amüseum** bij de waterval kun je een eerste inkijkje krijgen in de

Tring, tring! – Met de Saartalbahn door Saarburg

Begeleid door het geestige commentaar van de chauffeur word je met de Saartalbahn in een soms razend tempo door de smalle straatjes van de boven- en de benedenstad gevoerd. Een heel leuke manier om de vele bezienswaardigheden van Saarburg te bekijken.

Op zijn naambordje staat dat hij Gerhard Saar heet en hij lijkt inderdaad wel geknipt voor de taak om toeristen met het rode treintje door Saarburg te loodsen, zo nu en dan aan de bel te trekken en allerlei anekdotes en historische wetenswaardigheden te vertellen. En dat ook nog vol enthousiasme, alsof hij het elke dag voor het eerst doet.

Zo nu en dan worden er avondtochten voor groepen aangeboden. Een glas sekt is dan bij de prijs inbegrepen...

Dierensculpturen en toeristen

Het treintje vertrekt vanaf de **Pferdemarkt** 1, gadegeslagen door de sculpturen van dieren die hier overal staan en door de toeristen op de terrassen van de restaurants rondom de **waterval** 2, waar het eigenlijk op elk moment van de dag een drukte van belang is. Gerhard Saar vertelt dat Saarburg meer dan duizend jaar geleden is gesticht door graaf Siegfried von Luxemburg, naar wie een van de straten in het centrum is genoemd.

Vervolgens gaat het omlaag naar de oever van de Saar, waar vanaf de **aanlegplaats** 3 rondvaartboten over de Saar en de Moezel vertrekken. Gerhard Saar vertelt ondertussen dat er een trappetje naar de **burchtruïne** 4 loopt en dat de benedenstad de eigenlijke oude stad van Saarburg is.

De klokken zijn verstomd

Ook aan de andere kant van de waterval in de Leukbach, waaraan Saarburg de bijnaam 'Klein-Venetië' heeft te danken, heeft het stadje genoeg interessants te bieden. Het treintje rijdt

Saarburg zonder waterval? Ondenkbaar.

Met de Saartalbahn door Saarburg *#13*

langs de **klokkengieterij Mabilon** 5, die vanaf 1590 in bezit van de gelijknamige familie was, sinds 1770 in Saarburg is gevestigd en sinds 2003 niet meer dan een museum is. 'De laatste klok,' vertelt Gerhard Saar, terwijl hij het treintje even stilzet, 'ging naar Peru'. Een ander gebouw met historische wortels is de zogenaamde **Spaanse kazerne** 6, waarvan de naam teruggaat op de Dertigjarige Oorlog.

Grappen en grollen

Vanaf de **Graf-Siegfried-Straße** 7 heb je een mooi uitzicht op de **wijngaarden** rondom Saarburg, die symbool staan voor de naast het toerisme belangrijkste bedrijfstak in het stadje. 'De wijn uit Saarburg wordt zelfs in het Britse koningshuis geserveerd,' zegt Saar, om daar na na een korte pauze aan toe te voegen: 'Maar die zurige, verbitterde gezichtsuitdrukking van de koningin komt niet van de Saarburgse wijn.' En verder gaat het, gelardeerd met nadere uitleg over de wijngaard Saarburger Rausch, langs wijnboerderijen en tal van mooie huizen. Een daarvan is de strafgevangenis. 'Dit gebouw,' zegt Gerhard Saar, 'is het hele jaar volgeboekt.'

INFO EN OPENINGSTIJDEN
Saartalbahn: vertrek vanaf de **Pferdemarkt** 1 (hoek Buttermarkt), www.saartalbahn.de, mei-3 okt. dag. 11-16 uur (bij goed weer tot 17 uur), om de drie kwartier, € 6, 4-14 jaar € 4.
Passagiersvervoer Saar 3: aanlegplaats Brückenstraße, tel. 06581 991 88, www.saarflotte.de.
Klokkengieterij Mabilon 5: ▶ blz. 102.

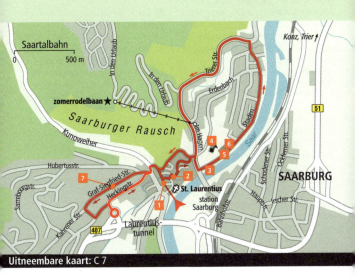

Uitneembare kaart: C 7

Het drielandenpunt ▸ Saarburg

Natuurlijk maak je een tochtje in de stoeltjeslift van Saarburg niet alleen maar om je de circa 170 m hoogteverschil te voet te besparen. In de circa tien minuten die je onderweg bent valt er het nodige te zien.

geschiedenis van Saarburg. In een voormalige keurvorstelijke molen uit 1657 presenteert het stedelijk museum traditionele Saarburgse ambachten, zoals dat van drukker, schipper, schoenmaker en klokkengieter. In een historische apotheek word je honderd jaar terug in de tijd verplaatst.

Am Markt 29, www.amuseum-saarburg.de, zo.-vr. 11-16 uur, € 3, jeugd/studenten € 1,50, 6-14 jaar € 0,70, gezinskaart € 6,50

Dat klinkt als een klok!

In Saarburg zijn ruim 230 jaar lang – tot 2003 – klokken gegoten die over de hele wereld werden verkocht, dus is er een **museum** gewijd aan de klokkengieters van Saarburg. In een mooi gebouwencomplex in het centrum van het stadje kun je **klokkengieterij Mabilon** bezichtigen en veel te weten komen over dat stukje culturele en industriële geschiedenis.

Staden 130, tel. 06581 23 36, www.museum-glockengiesserei-mabilon.de, ma.-vr. 9-17, za., zo. 11-17 uur, € 4, scholieren/studenten € 2, gezinskaart € 10, rondleiding di. 14 uur

🍴 Traditioneel
Hotel en restaurant Saarburger Hof

De Saarburger Hof is al sinds 1906 in handen van de familie Diewald en wordt inmiddels door de vierde generatie gerund. Het is een van de gerenommeerdste hotels van het stadje. In het restaurant worden verfijnde menu's met seizoensgerechten samengesteld, waarbij prima saarwijnen worden geserveerd. Bij mooi weer kun je plaatsnemen op het terras.

Graf-Siegfried-Str. 37, tel. 06581 928 00, www.saarburger-hof.de, di. 18-21, wo.-zo. 12-14, 18-21 uur, vanaf € 13,80

🍷 Goede wijn
Bonsai & Wein

Deze leuke vinotheek, die gespecialiseerd is in saarwijnen, ligt in een rustig zijstraatje in de buurt van de waterval.

Het drielandenpunt ▶ Saarburg

Hier koop je bijvoorbeeld de producten van de Saarburgse wijnhuizen Wagner en Zilliken en de rieslings van wijnhuis Von Othegraven. En bonsais verkopen ze hier (natuurlijk?) ook.

Kunohof 20, tel. 06581 98 86 13, www.vinothek-saar.de, apr.-okt. ma.-vr. 14-18.30, za. 10.30-18, zo. 12-17.30, nov.-mrt. ma., do., vr. 14-18, za. 11-17, zo. 12-17 uur

🌀 Rodelen kan ook in de zomer

Op je sleetje ga je ofwel heel kalmpjes of in vliegende vaart met een maximumsnelheid van 44 km/u de 530 m lange **zomerrodelbaan** af en met het sleepliftje weer naar boven. Tussen de glijpartijen door kunnen de volwassenen een beetje uitrusten op het terras en de kleintjes zich uitleven op de speelplaats.

In den Urlaub 9, tel. 06581 99 66 70, www.sommerrodelbahn-saarburg.de, week voor Pasen-juni, sept.-okt. di.-zo. 11-18, juli-aug. dag. 11-21, nov.-Pasen zo. 12-17 uur, € 2, tienrittenkaart € 16

🌀 Roofvogelpark

Een bezoek aan het buiten Saarburg gelegen **roofvogelpark** zou je als het enigszins mogelijk is zo moeten plannen dat je een roofvogelshow kunt bijwonen. Het is aan te bevelen om een halfuurtje voor aanvang van de show aanwezig te zijn. Als je de ietwat moeizame klim door het bos achter de rug hebt, kun je boven op een tribune plaatsnemen en uilen, adelaars en buizerds van heel dichtbij bekijken. En wie durft, mag ze ook nog aanraken.

Am Engelbach 1, tel. 06581 99 60 94, www.greifvogelpark-saarburg.de, mrt.-nov. dag. 10-18 uur, roofvogelshow om 11 en 15 uur, € 5,50, 4-15 jaar € 4,50, gezinskaart vanaf € 15

❶ Info en evenementen

Toeristenbureau: Saar-Obermosel-Touristik, Graf-Siegfried-Str. 32, tel. 06581 99 59 80, www.saar-obermosel.de, mei-okt. ma.-vr. 9-18, za. 10-14, nov.-mrt. ma.-vr. 9-17, apr. ma.-vr. 9-18 uur.

Saarweinfest: eerste weekend van sept. Wijnfeest met feestelijke optocht,

---

ZWEVEN EN KIJKEN

Tien minuten lang zweef je in een van de stoeltjes van de **Saarburgse stoeltjeslift** van het dalstation naar het naast de zomerrodelbaan gelegen bergstation. Gedurende die tijd kun je je blik over het stadje Saarburg en de omliggende wijngaarden laten glijden. Het traject van de stoeltjeslift is ongeveer 700 m lang en onderweg worden circa 170 m hoogtemeters bedwongen. Een fiets kun je gratis meenemen.

Wie meteen weer terug wil het dal in, pakt een sleetje van de zomerrodelbaan (zie hiernaast), maar het bergstation is ook een prima startpunt van verschillende wandelingen.

In den Urlaub 1a (bergstation), tel. 06581 99 52 18, www.saarburger-sesselbahn.de, week voor Pasen-juni, sept.-okt. di.-zo. 10-18, juli-aug. di.-zo. 10-19 uur, € € 3,80/5,50 (enkele reis/retour), 4-14 jaar € 2,20/3,50

---

verkiezing van de wijnkoningin van de Saar-Obermosel, muziek, rondleidingen, vuurwerk en zwemmen met fakkels in de Saar.

IN DE OMGEVING

Dorp voor genieters

Op een paar kilometer van Saarburg ligt het mooie boerendorpje **Mannebach** (📖 C 7), dat vooral interessant is voor mensen die de geneugten van het leven wel weten te waarderen. Zo vind je hier behalve het **Mannebacher Brauhaus**, een in de wijde omtrek bekend restaurant met biergarten en hotel (Hauptstr. 1, tel. 06581 992 77, www.mannebacher.de, dag. vanaf 12 uur), ook nog de **Riedhof**, een kaasmakerij met een café op de binnenplaats (tel. 06581 23 76, www.mannebacher-kaese.de, kaasmarkt za. 10-17 uur).

Vogelperspectief – **Baumwipfelpfad Saarschleife**

Normaal gesproken moet je bij een wandeling door het bos je hoofd achter in je nek leggen om de kronen van de bomen te kunnen zien, hier loop je er praktisch tussendoor. Dit in 2016 geopende boomtoppenpad biedt nieuwe perspectieven – en een spectaculair uitzicht op het symbool van het Saarland.

Twintig minuten, hooguit. Zo lang duurde vroeger een bezoek aan de **Cloef** 1, het uitkijkpunt boven de Saarschleife, de scherpe bocht van de rivier in de buurt van Orscholz in de gemeente Mettlach. Twintig minuten om even uit de bus of de auto te stappen, van het uitzicht op de Saarschleife te genieten, een foto te maken en na nog een blik weer in te stappen om verder te rijden, naar Saarbrücken, naar de Moezel of naar huis. Die verblijfsduur is dankzij het **Baumwipfelpfad** 2 aanzienlijk verlengd, maar dat heeft wel zijn prijs, want voor minimaal een uur moet je € 10 neertellen.

Glijden en uitrusten

Met kinderen doe je wel wat langer over de afstand van 1250 m, want onderweg zijn er wiebelbruggen en glijbanen voor de kleintjes en informatieborden voor de ouderen. Bankjes, rustplekken en het uitzicht door een netwerk van roestvrij staal

De uitkijktoren biedt platformen op verschillende verdiepingen.

Baumwipfelpfad Saarschleife #14

op het gemengde bos maken het steeds weer mogelijk de wandeling te onderbreken. Het boomtoppenpad is breed en geschikt voor rolstoelgebruikers, het stijgingspercentage is maximaal 6 en voert naar een hoogte van 23 m. Bovendien harmonieert het pad uitstekend met de natuur. Ontsiering van het landschap? Helemaal niet.

Kwartsiet en tondelzwam

Medewerkers in oranje hesjes vertellen je onderweg graag meer over het bos en de boomtoppen. En over kwartsiet en tondelzwam. Of dat er in de tweeënhalve maand na opening van deze nieuwe attractie al 100.000 bezoekers waren geweest. De exploitant, een onderneming uit Beieren, heeft het terrein gepacht van de gemeente Mettlach en 4,7 miljoen euro in de bouw van het boomtoppenpad geïnvesteerd. Het bedrijf heeft nog vijf boomtoppenpaden in Duitsland en Tsjechië.

Blik in de verte

Het eindpunt van de wandeling is een 42 m hoge, halfronde uitkijktoren die de Saarschleife weerspiegelt. Vanaf de platformen heb je een adembenemend uitzicht over de bocht in de rivier en bij mooi weer kun je heel ver kijken. Het uitkijkpunt met de twintig minuten-bezoekers kun je ook zien: dat is namelijk ondanks alle sombere voorspellingen nog altijd vrij toegankelijk.

WEGBEREIDERS

Voor het pad moesten veel minder bomen worden geveld dan door critici van het project werd gevreesd: slechts twintig, waarvan er enkele toch al aangetast waren. Het gebruikte hout van de douglassparren wordt na verloop van tijd donkerder en gaat zo steeds meer op in de natuur.

INFO EN OPENINGSTIJDEN
Baumwipfelpfad Saarschleife 2: tel. 06865 186 48 10, www.baumwipfelpfad-saarschleife.de, dag. mei-sept. 9.30-19, apr., okt. 9.30-18, nov.-mrt. 9.30-16 uur, € 10, mensen met een beperking/studenten/senioren € 9, 6-14 jaar € 8, gezinskaart € 21,50, rondleidingen vr., zo. 14 uur, € 3.

ETEN EN DRINKEN
Bij de ingang van het boomtoppenpad serveert **bistro Mirabell** 1 onder andere Saarlandse specialiteiten (tel. 06865 911 52 50, www.bistro-mirabell.de, dag. 11-21.30 uur, groot terras). In het nabijgelegen Orscholz zijn meer restaurants te vinden.

Uitneembare kaart: C 8

15

270 jaar tafelcultuur – te gast bij Villeroy & Boch

Het is een van de oudste familiebedrijven van Duitsland. In het hoofdkantoor in het Saarland kun je een reis maken door de geschiedenis van de keramische producten. En veel geld uitgeven aan borden en dienbladen.

De gids blijft staan bij een met een groen-rozegebloemd servies gedekte tafel. Ze wijst naar de gebaksbordjes en koffiekopjes en vraagt in het Frans of iemand de servieslijn 'Wildrose' kent. Radeloos hoofdschudden. Ze kijkt vragend naar een Duitse journaliste die net voorbijloopt. 'Ja, natuurlijk,' zeg ik meteen, want ik heb ontelbare keren van die bordjes gegeten en uit die kopjes gedronken. 'In Duitsland,' zegt de gids tegen haar groep, 'kent iedereen die'.

'Wildrose' en 'Petite Fleur', 'French Garden' en 'Artesano' – het zijn de klassiekers op de Duitse koffietafels. En wie ze niet in de kast heeft staan, heeft misschien wel een wastafel van Villeroy & Boch of op zijn minst een paar wijnglazen.

Begonnen in Frankrijk

Eén servieslijn wordt zelfs al sinds 1770 geproduceerd: het door zijn fijne blauwe bloesemtakjes onmiskenbare 'Vieux Luxemburg'. De onderneming zelf is maar een paar decennia ouder. In 1748 stichtten ijzergieter François Boch en zijn drie zoons een keramiekmanufactuur in het Lotha-

Het 'Vieux Luxemburg' is al bijna 250 jaar een goed lopende lijn en wordt altijd nog met de hand beschilderd.

Te gast bij Villeroy & Boch #15

ringse dorp Audun-le-Tiche; in 1766 kwam daar nog een fabriek in het Luxemburgse Septfontaines bij. In 1791 kocht de zakenman Nicolas Villeroy met een aantal partners een aardewerkfabriek in Vaudrevange, het huidige Wallerfangen in Saarland. Vanaf 1797 was hij de enige eigenaar. De twee bedrijven fuseerden in 1836. Tot op heden is het hoofdkantoor van het concern gevestigd in Mettlach, in een voormalige benedictijnenabdij.

K KOOPWOEDE

Ook schoenen, pannen, lingerie en handdoeken zijn te koop in de winkels van **Mettlach Outlet City** 🛈 rondom de Marktplatz.

Hoogte- en dieptepunten

In deze 'Alte Abtei' vind je ook een **keramiekmuseum** 1, een kleine schilderijengalerie en een nagebouwde melkwinkel. Aan de hand van de tentoonstelling en een film uit 1998 die naar aanleiding van het 250-jarige jubileum van het bedrijf is gemaakt en is ingesproken door Peter Ustinov krijg je een overzicht van de bewogen geschiedenis van Villeroy & Boch en een inkijkje in het productieproces en word je deelgenoot gemaakt van een paar anekdotes. Zo was Eugène Boch goed bevriend met schilder Vincent van Gogh en Wendelin von Boch, bestuursvoorzitter tot 2007, een kamergenoot van de latere RAF-terrorist Andreas Baader in het internaat in München.

INFO EN OPENINGSTIJDEN

Erlebniszentrum Alte Abtei 1: Saaruferstr. 1-3, Mettlach, tel. 06864 81 10 20, www.villeroyboch-group.com, apr.-okt. ma.-vr. 9-18, za. 9.30-18, zo. 10-17 uur, nov.-mrt. ma.-za. 10-17, zo. 14-17 uur, € 4,50, gezinskaart € 9.

WINKELEN

Aan de rand van het voetgangersgebied van Mettlach bevindt zich de **outlet** 🛈 van Villeroy & Boch, waar je in prijs verlaagd serviesgoed (deels tweede keus) kunt kopen (Freiherr-vom-Stein-Str. 4, tel. 06864 20 31, ma.-vr. 9.30-19, za. 9.30-18 uur). Een andere winkel in de buurt is gespecialiseerd in kerstserviezen.

ETEN EN DRINKEN

Bij de ingang van een park met oude bomen vind je het restaurant **Alte Abtei** 1, waar lichte lunchgerechten worden geserveerd (ma.-vr. 13-16.30 uur). In het voetgangersgebied van Mettlach zijn bovendien cafés, ijssalons, restaurants en bodega's te vinden.

Uitneembare kaart: C 8

Reisinformatie

AANKOMST

Met de auto of camper
Vanuit Nederland en België is het Moezelgebied via verschillende autosnelwegen te bereiken, waaronder de A3 die vanaf de grensovergang bij Arnhem via Duisburg en Keulen richting Koblenz loopt, de A61 die vanaf de grensovergang bij Venlo via Mönchengladbach en Kerpen eveneens richting Koblenz loopt en de A60 die vanaf de grensovergang bij het Belgische Sankt Vith (ten zuidoosten van Malmedy) richting Traben-Trarbach en Bernkastel-Kues loopt. De A48/A1 loopt evenwijdig aan de rivier van Koblenz via de Vulkaan-Eifel naar Trier, het Saarland en Luxemburg. Vanuit de Hunsrück loopt de B50 naar het dal van Moezel, waarvoor ten tijde van het schrijven van deze gids nog altijd werd gewerkt aan de 1,7 km lange Hochmoselbrücke bij Zeltingen-Rachtig, die zeer omstreden is vanwege de belasting voor mens en milieu (▶ blz. 54).

Met de trein
Koblenz is goed te bereiken met IC- en ICE-treinen, maar op het centraal station van Trier stoppen alleen regionale stop- en sneltreinen. In het Moezelgebied rijden de treinen alleen aan de Eifelkant; het tracé aan de Hunsrückkant is niet meer in gebruik. Zo kun je Cochem, Treis-Karden en Ediger-Eller goed met de trein bereiken, maar Neumagen-Dhron en Zeltingen-Rachtig niet. Vanuit Traben-Trarbach rijdt de 'Moselweinbahn' (▶ blz. 52) naar Pünderich. Vanaf het centraal station van Trier rijden treinen naar verschillende steden in Luxemburg. Informatie over internationale treinreizen vind je op www.nsinternational.nl en www.b-europe.com.

Met de bus
FlixBus rijdt vanuit Nederland en België onder andere op Koblenz, Trier en Luxemburg-Stad. Kijk voor meer informatie op www.flixbus.nl of .be.

Met het vliegtuig
Het Moezelgebied ligt grofweg tussen de luchthavens van Frankfurt en Luxemburg-Stad.
Frankfurt Airport: tel. 0180 63 72 46 36, www.frankfurt-airport.com. Internationale luchthaven met lijnvluchten vanaf Amsterdam en Brussel met Lufthansa en KLM. Treinverbinding (ICE) naar Koblenz, vanaf daar verder naar Cochem en Trier.
Luxemburg Findel: tel. 0246 40, www.lux-airport.lu. Lijnvluchten van KLM. Bus naar Trier.

Met de boot
Van de lente tot en met de herfst pendelen in het weekend lijnschepen van de **KD Deutsche Rheinschiffahrt** (www.k-d.com) tussen Koblenz en Cochem. Veel plaatsen aan de Moezel die niet op het spoorwegnet zijn aangesloten, kun je met de veerboten van kleinere maatschappijen bereiken (zie ook ▶ blz. 113).

KLIMAAT

Dankzij de ligging in het dal tussen de middelgebergten Hunsrück en Eifel is het Moezelgebied gevrijwaard van extreme temperaturen. Het gebied heeft een mild klimaat met aan de Midden-Moezel een gemiddelde jaartemperatuur van 9 °C. Het hoogseizoen loopt van Pasen tot oktober; in de winter zijn veel hotels, restaurants en bezienswaardigheden beperkt geopend of zelfs gesloten. De mooiste reisseizoenen zijn de lente, wanneer het leven aan de rivier ontwaakt, en het eind van de zomer en de vroege herfst, wanneer de bladeren langzamerhand de herfstkleuren aannemen, de druivenoogst begint en veel feesten worden gevierd. Wie in hartje zomer in

Reisinformatie

het Moezelgebied is, moet zich goed tegen de zon beschermen – vooral tijdens wandelingen en boottochten.

OMGANGSVORMEN

De inwoners van het Moezelgebied zijn vriendelijk, maar ook engiszins terughoudend. Anders dan bij hun landgenoten uit bijvoorbeeld de Pfalz en het Rijnland – of dat cliché klopt is weer een ander verhaal – duurt het soms een tijdje voordat het ijs gebroken is. Maar dan openbaart zich vaak wel een grote belangstelling voor het leven van de ander. Een goede gelegenheid om met de plaatselijke bevolking in gesprek te komen, zijn de wijnfeesten. Daar kun je wijn proeven zonder je verplicht te voelen (zoals bij een gratis wijnproeverij bij een wijnboer) om een paar flessen te kopen. In het weekend is er altijd wel ergens een feest.

OVERNACHTEN

Accommodatie is in elke plaats langs de Moezel te vinden, hoe klein die ook is. De prijzen zijn de afgelopen jaren natuurlijk gestegen, maar een tweepersoonskamer is vaak nog wel voor circa € 70 te krijgen. Reserveer tijdig, want vrijwel iedereen wil hier in dezelfde beperkte periode komen. Van november tot april zijn veel onderkomens namelijk helemaal gesloten.

Pensions en hotels
De vakantieganger aan de Moezel heeft de keus uit het complete spectrum van accomodatie, van knusse pensions tot luxueuze vijfsterrenhotels. De standaard is over het algemeen hoog en het prijsniveau niet bepaald laag, vooral niet in de populaire toeristenoorden en de grote steden Trier en Koblenz. Steeds meer hotels proberen klandizie te trekken met mooie wellnesscentra en arrangementen voor wandelaars of fietsers. Veel hotels bieden bovendien een uitstekend restaurant.

OOG VOOR HET MILIEU

Toegegeven, wie vakantie wil vieren aan de Moezel en niet de hele tijd op een en dezelfde plek wil blijven, kan niet om de auto heen – tenzij je natuurlijk een fietsvakantie hebt geboekt. Maar met de auto hoef je niet per se de oude centra in. Zet hem dus op de parkeerplaats aan de Moezel en ga te voet verder. Nog milieuvriendelijker is het natuurlijk om op de fiets te gaan. Een **fiets huren** kan op zo'n honderd locaties in het Moezelgebied. En je bent helemaal goed bezig als je dan ook nog naar wijnhuizen rijdt die alleen biologische producten maken (www.ecovin-mosel.de) ...

Campings
Op ongeveer vijftig campings langs de Moezel kun je je camper of caravan neerzetten of je tent opslaan. De terreinen zijn ook in veel kleinere plaatsen te vinden, vaak aan de oever van de rivier. Vanwege het gevaar van hoogwater zijn de meeste alleen in het hoogseizoen geopend. Op de campings Rissbach in Traben-Trarbach, Marienburg in Pünderich en aan de Freizeitsee Triologo kun je ook overnachten in een 'wijnvat'. Een overzicht van alle campings langs de Moezel vind je op www.moselland touristik.de.

Vakantiewoningen
Er is haast geen wijnboer aan de Moezel die geen kamers of vakantiewoningen ernaast (of meer dan dat) verhuurt – de wijnbouw alleen is vaak niet meer rendabel genoeg. Voor de gasten betekent overnachten op de wijnboerderij persoonlijke tips voor uitstapjes en een inkijkje in het dagelijks leven aan de Moezel. En natuurlijk de deelname aan een of andere wijnproeverij. Het nadeel is dat vakantiewoningen vooral in het hoogseizoen vrijwel niet voor één of twee nachten worden verhuurd.

Reisinformatie

Vakantieparken
Landal heeft zowel bij Leiwen als bij Kröv een vakantiepark tussen de wijngaarden, Roompot biedt een vakantieresort bij Ediger-Eller. Op alle drie worden vakantiehuizen verhuurd, en op de terreinen bevinden zich natuurlijk ook zwembaden, restaurants, speelterreinen en andere recreatieve faciliteiten. Het voordeel van dit soort accommodatie is de standaardisering, waardoor je niet voor verrassingen komt te staan. Maar dat laatste vinden sommige mensen juist een nadeel. Kortom, het is een kwestie van smaak.

Jeugdherbergen
Naast schoolklassen zijn vooral gezinnen de doelgroep van de vaak prachtig gelegen jeugdherbergen. In de afgelopen jaren is hun imago totaal veranderd. Zo bieden ze tegenwoordig bijvoorbeeld gezinskamers met een eigen badkamer. In het Moezelgebied zijn zes jeugdherbergen: in Traben-Trarbach, Trier, Saarburg, Koblenz, Cochem en Bernkastel-Kues. Informatie vind je op www.diejugendherbergen.de en www.djh.de.

REIZEN MET EEN BEPERKING

Op de website **www.gastlandschaften.de/urlaubsthemen/barrierefreies-reisen** kun je zoeken naar gecertificeerde hotels, restaurants, bezienswaardigheden en dergelijke die ingesteld zijn op de behoeften van reizigers met een beperking.

SPORT EN ACTIVITEITEN

Ballonvaren
Door de lucht zweven en de rivier en de plaatsjes vanuit vogelperspectief bewonderen – voor die belevenis kun je terecht bij verscheidene bedrijven in het Moezelgebied, zoals **Moselballoning** in Detzem (www.moselballoning.de), **Rhein-Mosel-Ballonfahrten** in Kruft (www.rhein-mosel-ballonfahrten.de) en **Ballonfahrten Göhler** in Dieblich (www.ballonfahrten-goehler.de). Een tochtje met een heteluchtballon is niet bepaald goedkoop (vanaf ongeveer € 160 voor een uur), maar wel iets heel bijzonders. En wie een keer wil zien hoe de profs het doen: elk jaar in de zomer vindt in Föhren het **MoselBallonFiesta** (www.moselballonfiesta.de) plaats.

Boottochten
Verscheidene scheepvaartondernemingen bieden allerlei boottochten op de Moezel aan. De grootste zijn **Köln-Düsseldorfer** (www.k-d.com) voor de regio Koblenz/Cochem en **Personenschifffahrt Kolb** (www.moselrundfahrten.de) en **Mosel-Personenschifffahrt** (www.mosel-personenschifffahrt.de) voor de Midden-Moezel. In sommige regio's is de veerboot de snelste manier om aan de overkant te komen.

Deltavliegen en parapente
In de zomer zijn ze overal langs de Moezel te zien: deltavliegers die hoog boven het dal zweven. Vereniging Die Moselfalken en de Drachenflieger-Club Trier hebben aan de Moezel en de Saar twaalf terreinen waar ze kunnen opstijgen en landen. Voor een gering bedrag kunnen gasten daarvan gebruikmaken, maar dan moet je wel reserveren via www.moselfalken.de. Voor **tandemsprongen** kun je terecht in Zeltingen-Rachtig (www.mittelmoseltandem.de).

Fietsen
Een fietstocht langs de Moezel is een van de hoogtepunten van een vakantie aan de rivier en dankzij de minimale stijgingspercentages en goede paden ook een activiteit die geschikt is voor het hele gezin. Meer dan 1000 km aan fietspaden nodigen je uit om het gebied te verkennen, met op de eerste plaats de 275 km lange **Mosel-Radweg**, die van het Franse Thionville via Luxemburg naar de Deutsches Eck in Koblenz loopt. Andere opties zijn de **Saar-Radweg** (118 km), de **Ruwer-Hochwald-Radweg** van Hermeskeil naar Trier (48 km)

Reisinformatie

en de **Maare-Mosel-Radweg** van Daun in de Vulkaan-Eifel naar Bernkastel-Kues (58 km, ▶ blz. 62).
Tal van reisorganisators bieden speciale fietsarrangementen aan, waarbij voor het vervoer van de bagage wordt gezorgd. Fietsvriendelijke hotels en pensions zijn te herkennen aan het 'Bett + Bike'-certificaat van de Allgemeiner Deutscher Fahrrad-Club (ADFC). Ze beschikken onder meer over een afsluitbare ruimte voor de fietsen, hebben een reparatieset beschikbaar en kunnen behulpzaam zijn met fietskaarten. Kijk voor een overzicht van de accommodaties op www.bettundbike.de.
De **Regioradler** (▶ blz. 113) vervoert fietsers met hun fiets.

Golfen
Vergeleken met fietsen en wandelen speelt golfen een ondergeschikte rol aan de Moezel, maar je vindt hier toch twee golfclubs. De 18-holesbaan van **Golf Club Trier** (www.gc-trier.de) in Ensch-Birkenheck (tussen Thörnich en Bekond) ligt in een zijdal van het Moezeldal. **Golfclub Cochem/Mosel** (▶ blz. 40) heeft twee banen boven Ediger-Eller: de Mosel Course (18 holes) en de Eifel Course (9 holes).

Paardrijden
Tal van bedrijven bieden tochten en vakanties te paard aan. Een overzicht en mogelijke routes vind je op www.hunsrueck-zu-pferd.net en www.eifelzupferd.de.

Vissen
Overal aan de Moezel, de Saar en de Ruwer kun je neerstrijken om te gaan vissen, als je maar rekening houdt met het visseizoen en in het bezit bent van een vergunning. Deze is er voor een dag, een week en een maand, en de regionale toeristenbureaus kunnen je vertellen waar je hem kunt kopen. In **Luxemburg** worden de vergunningen verkocht door de zogeheten *Distriktkommissariate* in Diekirch, Grevenmacher en Luxemburg en in enkele hotels. De vissoorten die het meest voorkomen in de Moezel zijn paling, baars, kopvoorn en blankvoorn.

Vogelobservatie
Haff Réimech (📖 B 7/8) is een van de grootste wetlands van Luxemburg en een paradijs voor vogelaars. Er zijn hier ongeveer 220 soorten geteld. Ook het **educatieve vogelpad Enkirch** (▶ blz. 46) biedt allerlei wetenswaardigheden voor amateurornithologen.

Wandelen
Wandelen is activiteit nummer één aan de Moezel! Met de **Moselsteig** (▶ blz. 90) beschikt het gebied over een prachtig langeafstandswandelpad, dat adembenemende uitzichten en een fantastische natuur biedt. Alternatieven zijn de 160 km lange **Mosel-Camino** van Koblenz naar Trier, die deel uitmaakt van de pelgrimsroute naar Santiago de Compostella, en de **Moselhöhenweg**, die aan de Eifelkant van de Moezel van Wasserbillig naar Koblenz en aan de Hunsrückkant van Koblenz naar Perl loopt.
Wandelpaden zijn er overal langs of liever gezegd boven de Moezel, van eenvoudige die geschikt zijn voor gezinnen tot pittige die een goede conditie vereisen. Wie nog meer uitdaging zoekt, kan bijvoorbeeld terecht op de **Kletterweg Erdener Treppchen/ Prälat**. Over een afstand van 10 km gaat het hier via smalle paden de hoge rotsen op. Echte durfals moeten hun heil zoeken op de **Calmont-Klettersteig** (▶ blz. 41). Een wandeling is ook uitstekend te combineren met cultuur. Zo loop je via de **Stefan-Andres-Weg** circa 24 km in het voetspoor van deze schrijver uit Schweich. De Kueser Akademie für Europäische Geistesgeschichte organiseert regelmatig **literaire rondwandelingen**. En je zou niet aan de Moezel zijn als er niet heel veel mogelijkheden zouden zijn om het thema wandelen te combineren met het andere thema nummer één in deze contreien. Dan heb ik het natuurlijk over wijn ... Voor informatie kun je

Reisinformatie

terecht bij het plaatselijke toeristenbureau.

Watersport
Waterskiën, kanoën, varen, zeilen – er zijn tal van mogelijkheden om sportief bezig te zijn op de Moezel. Overal langs de rivier zijn zeil- en roeiverenigingen en worden kano's verhuurd. Waterskischolen vind je in Schleich, Schweich en Traben-Trarbach.

Wellness
Ayurvedisch ontbijt, mediteren na de lunch, een detoxmenu als diner en tussendoor een yogasessie? Wie dit als muziek in de oren klinkt, vindt langs de Moezel enkele hotels die dergelijke arrangementen aanbieden, zoals het Ayurveda-Parkschlösschen (▶ blz. 51) in Traben-Trarbach. Ook wie bij wellness eerder een beeld heeft van een duik in een zwembad, zweten in een sauna en een massage van een stijve rug kan in het Moezelgebied terecht. Behalve hotels met wellnesscentra zijn er hier ook enkele thermen: de **Moseltherme** (▶ blz. 52) in Traben-Trarbach, de **Vulkaneifel Therme** (www.vulkaneifel-therme.de) in Bad Bertrich, de **Treveris-Thermen** (treveris-thermen.de) in Trier en de **Emser Therme** (www.emser-therme.de) in Bad Ems bij Koblenz.

Zwemmen
Zwemmen in de Moezel? Kun je doen, maar kun je ook laten. Een duik in de rivier heeft in principe zijn charme en verboden is het ook niet. Maar **let op**: niet alleen de natuurlijke stromingen zijn gevaarlijk, ook die veroorzaakt worden door grote schepen. De waterpolitie, de brandweer en de Duitse reddingsbrigade DLRG moeten in de zomer regelmatig uitrukken om zwemmers in nood te redden. Een mooie optie is het natuurstrand bij de kloosterruïne Stuben bij Bremm. Bovendien zijn er overal langs de Moezel mooie binnen- en buitenbaden, zoals het **Erlebnisbad Zeller Land** (www.erlebnisbad-zell.de) in Zell-Kaimt, het **Freibad Kröver Reich** (www.freibad-kroever-reich.de) in Kröv, het **Panoramabad Römische Weinstraße** (www.panoramabad-leiwen.de) in Leiwen, het **Saar-Mosel-Bad in Konz** (www.saar-mosel-bad.de), het **Freibad Ruwertal** (freibad-ruwertal.de) in Mertesdorf en het **Spiel- und Spaßbad Treis-Karden**.

TOERISTENINFORMATIE

Mosellandtouristik: Kordelweg 1, 54470 Bernkastel-Kues, tel. 06531 973 30, www.mosellandtouristik.de.
Moselwein e.V.: Gartenfeldstr. 12a, 54295 Trier, tel. 0651 71 02 80, www.weinland-mosel.de.
Rheinland-Pfalz Tourismus: Löhrstr. 103-105, 56068 Koblenz, tel. 0261 91 52 00, www.gastlandschaften.de.
Tourismus Zentrale Saarland: Franz-Josef-Röder-Str. 17, 66119 Saarbrücken, tel. 0681 92 72 00, www.urlaub.saarland.
Saar-Obermosel-Touristik: Saarstr. 1, 54329 Konz, tel. 06501 601 80 40; Graf-Siegfried-Str. 32, 54439 Saarburg, tel. 06581 99 59 80, www.saar-obermosel.de.
Mosel-Gäste-Zentrum: Gestade 6, 54470 Bernkastel-Kues, tel. 06531 50 01 90, www.bernkastel-kues.de.
Tourist-Info Sonnige Untermosel: Moselstr. 7, 56332 Alken, tel. 02605 847 27 36, www.sonnige-untermosel.de.
Moseleifel Touristik: Marktplatz 5, 54516 Wittlich, tel. 06571 40 86, www.moseleifel.de.
Hunsrück-Touristik: Gebäude 663, 55483 Flughafen-Hahn, tel. 06543 50 77 00, www.hunsruecktouristik.de.

In Luxemburg
Luxembourg for Tourism: B. P. 1001, L-1010 Luxembourg, tel. 00352 428 28 21, www.visitluxembourg.com
Op internet
www.visitluxembourg.com
www.visitmoselle.lu
www.mullerthal.lu.

Reisinformatie

VERVOER

Auto
Het is niet altijd een onverdeeld genoegen om met de auto door het Moezelgebied te rijden. Een rit door de smalle straatjes in oude centra van plaatsjes en de zoektocht naar een parkeerplaats kunnen al snel leiden tot stress. Daarbij komt nog dat een goed glas moezelwijn en een auto besturen elkaar niet verdragen. In Duitsland, Frankrijk en Luxemburg geldt een maximaal toegestaan alcoholpromillage van 0,5. In Luxemburg is het dan weer een genot om je tank vol te gooien, want de literprijs van benzine is ongeveer 50 cent lager dan die in Nederland en circa 20 cent lager dan die in België.

Bus
De bus is een goed alternatief voor de atuo, want de Verkehrsverbund Region Trier (VRT, vrt-info.de) en de Verkehrsverbund Rhein-Mosel in Koblenz (VRM, www.vrminfo.de) laten ook bussen rijden naar kleine plaatsen op het platteland. In de toeristencentra worden excursies per bus aangeboden, zoals naar Trier en Koblenz, naar Idar-Oberstein, naar Luxemburg en naar de Saarschleife.

Veerboot
De volgende Moezelveren zijn nog in bedrijf: Koblenz-Lay-Winningen; Klotten-overzijde van de Moezel; Cochem-Cochem-Cond (geen auto's); Beilstein-Ellenz-Poltersdorf; Alf-Bullay (geen auto's); Briedel-overzijde van de Moezel; Pünderich-Marienburg; Kövenig-Enkirch (geen auto's); Oberbillig (D)-Wasserbillig (L).

Fiets
Op **www.regioradler.de** vind je buslijnen die fietsers en hun fiets transporteren en je kunt er ook online een kaartje kopen. Deze bussen rijden in het Moezeldal, in de regio MaareMosel, in de Hunsrück, in de Vulkaan-Eifel, in het Hochwald, langs de Beneden-Moezel en in het Sauertal. De **BurgenBus** brengt fietsers naar de Maifeld-Radweg bij Münstermaifeld.

Trein
Voor gezinnen en kleine groepen is een Rheinland-Pfalz-Ticket interessant. De kaart kost € 24 plus € 5 per reiziger (maximaal vier personen per kaart) en is de hele dag geldig in het streekvervoer in Rheinland-Pfalz en het Saarland. Wie naar Luxemburg wil, kan het Ticket Luxemburg Spezial overwegen.

VEILIGHEID EN NOODGEVALLEN

Het Moezelgebied is een heel veilige vakantiebestemming. In de dorpjes hoef je normaal gesproken niet bang te zijn om het slachtoffer van criminaliteit te worden. In grotere steden en toeristenbolwerken als Bernkastel-Kues en Cochem moet je wel op je hoede zijn voor tasjesdieven. Mijd na het invallen van de duisternis de Palastgarten in Trier, want daar komt het regelmatig tot berovingen.
Belangrijke telefoonnummers:
Politie, ambulance en brandweer: tel. 112.
Politie in Luxemburg: tel. 113.
Nederlandse ambassade in Duitsland: Klosterstraße 50, 10179 Berlijn, tel. +49 30 20 95 64 41, bln@minbuza.nl.
Nederlandse ambassade in Luxemburg: 6, rue Sainthe Zithe, L-2763 Luxemburg, tel. +352 22 75 70, lux@minbuza.nl.
Belgische ambassade in Duitsland: Jägerstraße 52-53, 10117 Berlijn, tel. +49 30 20 64 20, berlin@diplobel.fed.be.
Belgische ambassade in Luxemburg: 4, rue des Girondins, 1626 Luxemburg, tel. +352 254 32 51, luxembourg@diplobel.fed.be.

Hoe zegt u?

mitholen
meenemen

Majusebetter!
Triers: *In hemelsnaam!*

HOTZELCHE
lief kind (in Koblenz)

Aaschbäbes
Kletskous (in Pünderich)

Wann ech gelift!
Luxemburgs: *alstublieft*

DROFF GESCHASS
mij een zorg

Mer sooche net en de Kremmele
We zoeken niet tussen de kruimels.
We zijn royaal.

EISCH SÄIN NEWEND DA KAAP.
Ik ben naast de muts.
Ik ben er niet bij met mijn aandacht.

Schmandelecker
Bijnaam van de Cochemers

Guude Morjen!
Goedemorgen!

Mussel
Moezel

Register

A
aankomst 108
alarmnummers 113
Alte Abtei (Villeroy & Boch) 107
Apicius 11, 88
Arras, burcht 41
Ausonius 4, 8, 66, 128
auto 7, 108, 113

B
B50-Bürgerinformationszentrum Hochmoselbrücke 54
Bad Bertrich 8, 41
ballonvaren 110
Baumwipfelpfad Saarschleife 7, 104
beeldenpark Senheim-Senhals 37
Beilstein 6, 36
– burchtruïne Metternich 37
– café Klapperburg 38
– karmelieter kerk St. Josef 36
– koffiemolenmuseum 38
– Weinmuseum 37
Bernkasteler Doctor 10, 56
Bernkastel-Kues 6, 7, 10, 55
– Bärenbrunnen 56
– burcht Landshut 56
– Burg-Landshut-Express 56
– centrum 55
– Cusanus-Geburtshaus 58
– Cusanusstift 56, 59
– Cusanus-wijngaarden 59
– Internationale Langstrecken-Regatta 61
– Karlsbader Brunnen 56
– Kueser Plateau 62
– Maare-Mosel-Radweg 62
– Mosel Musik Festival 63
– Moselweinmuseum 56
– Museum im Graacher Tor 60
– *Nicolaas van Cusa* 58
– oldtimermuseum 7
– Rieslinghaus 61
– Spitzhäuschen 56
– stadsrondrit 62
– St.-Michaels-Brunnen 56
– St. Nikolaus-Hospital 59
– toeristenbureau 62
– vervoer 62
– Vino-Bistro 59
– Weihnachtsmarkt 63
– Weinfest der Mittelmosel 63
– Weinkulturelles Zentrum 56
– Zylinderhaus 60
Besucherbergwerk Barbara-Hoffnung 81
boot 108
boottochten 110
Boven-Moezel 71
Braneberg 63
Bremm 41
Bremmer Calmont 10
BurgenBus 27, 113
bus 108, 113

C
Calmont 9
Calmont-Höhenweg 41
Calmont-Klettersteig 41, 111
camper 109
campings 109
cisterciënzerinnenklooster Machern 63
cisterciënzerklooster Himmerod 54
Cloef 104
Cochem 5, 6, 30
– Blütenmarkt 36
– Bundesbank-Bunker 7, 34
– Edelsteinmuseum 30
– Endert 33
– Enderttor 33
– Heimat- und Weinfest 36
– Knippmontag 36
– Moselbad 33
– Pinnerkreuz 30
– Reichsburg 30
– Senfmühle Cochem 33
– SternZauber 36
– stoeltjeslift 30
– toeristenbureau 36
Curman-Dostert, Carina 85, 128

D
Daun 36
deltavliegen en parapente 110
Dibbelabbes 10, 11
drielandenpunt 87, 90

E
Echternach 82
– benedictijnenabdij 82
– cultuur- en congrescentrum Trifolion 82
– Halergaas 83
– Marktplatz 83
– Sint-Willibrordusbasiliek 82
– Springprocessie 82
Ediger-Eller 6, 37
– golfclub Cochem/Mosel 40
– kloosterruïne Stuben 40
– kruiskapel 40
– parochiekerk St. Martin 40
– synagoge 40
Eichholzmaar 36
Eifelsteig 9
elbling 10, 88
Eltz, Burg 6, 26
Emser Therme 112
Enkirch 46
Erlebniszentrum Alte Abtei (Villeroy & Boch) 107
Europäisches Museum (Musée européen) Schengen 92
Europamonument Schengen 93
Europese Unie 92

Register

F
fiets 113
fietsen 7, 37, 45, 110
fietsen huren 109
Flieten 10
Flugausstellung Junior (Hermeskeil) 81
Fünfseenblick 69

G
Gärten ohne Grenzen 89
Gedenkstätte SS-Sonderlager/KZ Hinzert 81
geiser Andernach 23
golfen 40, 111
Gräwes 10
grenscontroles 92

H
Haff Réimech 111
Hammelsberg 90
hangbrug Geierlay 42
Hochmoselbrücke 9, 54
hotels 109
Hunsrück-Touristik 112

I
Idar-Oberstein 64
– Deutsches Edelsteinmuseum 65
– Deutsches Mineralienmuseum 65
– edelsteenmijnen Steinkaulenberg 65
– Felsenkirche 65
– Industriedenkmal Jakob Bengel 64
– Weiherschleife 65

J
jeugdherbergen 110
jugendstil 46

K
Kastellaun, burcht 43
KD Deutsche Rheinschiffahrt 108
keramiekmuseum Villeroy & Boch 107
Kesten 5
Keverich, Maria Magdalena 128
Klettersteig Collis 42
Kletterweg Erdener Treppchen/Prälat 111
klimaat 108
Klüsserath 69
Kobern-Gondorf 25
– Büro für Touristik und Kultur 28
– Matthiaskapèlle 25, 28
– mijngangen 25
– Niederburg 25
– Norbertusstollen 25
– Oberburg 25, 28
– Ostermarkt 28
– Schloss Liebig 25
– Schloss von der Leyen 25
– Tatzelwurm 25
– Wein- und Burgenfest 28
Koblenz 4, 5, 6, 7, 9, 15, 16
– Altstadtfest 23
– Bundesgartenschau (BUGA) 2011 16, 18
– DB Museum 17
– Deutsches Eck 7, 15, 16
– Ehrenbreitstein, vesting 6, 9, 15, 16, 17
– Forum Confluentes 17, 18
– Forum Mittelrhein 18
– Gaukler- und Kleinkunstfestival 23
– kabelbaan 5, 16, 17, 18
– Koblenzer Mendelssohn-Tage 23
– Kurfürstliches Schloss 7, 17
– Landesmuseum Koblenz 16
– Ludwig Museum 17
– Mittelrhein-Museum 17, 18, 19
– Pegelhaus (peilstation) 21
– Rheinanlagen 16
– Rhein in Flammen 23
– Romanticum 19
– ruiterstandbeeld Wilhelm I 16
– stadswandelingen 22
– toeristenbureau 22
– uitzicht 18
– vervoer 22
– vlooienmarkt 22
– Zentralplatz 18
Konz 81
Kröv 53
Kues 61

L
Laacher See 23
Loreley 24
Luxembourg for Tourism 112
Luxemburg 71, 87
Luxemburgische Weinstraße 81
Luxemburgs Klein-Zwitserland 82, 99
Luxemburg-Stad 94
– Bock-kazematten 94
– Fort Thüngen 95
– Grand Rue 98
– kerstmarkt 99
– Kirchberg-plateau 98, 99
– Lëtzebuerg City Museum 95
– Musée d'Art Moderne Grand-Duc Jean (Mudam) 95
– Palais Grand-Ducal 95
– Philharmonie 98, 99
– Schueberfouer 98
– Summer in the City 98
– toeristenbureau 98
– vervoer 98
– Werelderfgoed UNESCO 95

M
Maare-Mosel-Radweg 62, 111
Mannebach 103
maren 36
Marx, Karl 76
Mayen, mijndistrict 23
Meerfelder Maar 36
mentaliteit 6
Mettlach 104, 107
Meurin, Romeinse mijn 23
Midden-Moezel 45

Register

midgetgolf 28, 52
milieuvriendelijk 109
Mittelmosel, jachthaven 68
Moezelkeuken 10, 43
Moezelkrimi's 8
Moezelveren 113
Moezelvis 10
Möhring, Bruno 46, 47, 49
monument voor het Verdrag van Schengen 92
MoselBallonFiesta 110
Mosel-Camino 111
Moseleifel Touristik 112
Mosel-Gäste-Zentrum 112
Moselhöhenweg 111
Moselkern 27
Mosella 4, 8
Mosellandtouristik 112
Mosel-Radweg 110
Moselsteig 7, 9, 40, 69, 90, 111
Moseltherme 112
Moselweinbahn 45, 52, 108
Moselwein e.V. 112
Mosel-Wein-Express 33
Müllerthal 99
Müllerthal Trail 99
Museumslay (Mendig) 23

N
Nacktarsch 53
Neumagen-Dhron 63, 66
– Romeins schip 66
Nicolaas van Cusa 58
Nittel 85
Nitteler Fels, natuurgebied 85

O
omgangsvormen 109
openluchtmuseum Roscheider Hof 84
oudheid 72
overnachten 4, 109

P
paardrijden 62, 111

Palzem 88, 90, 91
– Bulldog- und Landmaschinenmuseum 88
– Schloss Thorn 88
pensions 109
Perl 8, 11, 88, 90
Piesport 68
Polch 29
prijsniveau 109
Pünderich 43
Pyrmont, burcht 6

R
regionale specialiteiten 10
Regioradler 111, 113
reizen met een beperking 110
restaurants 6, 10, 11
Rheinland-Pfalz Tourismus 112
Rheinsteig 9, 22
riesling 10
Rijn, boottochten 22
Romeinen 6, 8, 11, 29, 56, 63, 66, 72, 88
Romeins mozaïek Perl-Nennig 88
Ruwer-Hochwald-Radweg 110

S
Saarburg 7, 99
– aanlegplaats 100
– Amüseum 99
– burchtruïne 100
– klokkengieterij Mabilon 101, 102
– roofvogelpark 103
– Saartalbahn 100
– Saarweinfest 103
– Spaanse kazerne 101
– stoeltjeslift 102, 103
– toeristenbureau 103
– waterval 99
– zomerrodelbaan 103
Saar-Hunsrück-Steig 9, 90
Saar-Obermosel-Touristik 112
Saar-Radweg 110
Saarschleife 7, 104
Schaales 10, 11

Schengen 92
Schirach, Baldur von 53
Seitensprünge (Moselsteig) 90
sport 110
Starkenburg 46, 47
Stefan-Andres-Weg 111
Stella Noviomagi 67
Stolzenfels, Schloss 23
Straußwirtschaften 10

T
Terrassenmoezel 15
Tettingen 91
thermale bronnen 8
toeristeninformatie 112
Tourismus Zentrale Saarland 112
Tourist-Info Sonnige Untermosel 112
Traben-Trarbach 7, 46
– Ayurveda-Parkschlösschen 51
– Brückentor 46
– Buddha-Museum 7, 47, 50
– Grevenburg 47
– Haus der Ikonen 49
– Mittelmosel-Museum 49
– Mont Royal, vesting 47
– Moseltherme 52
– Moselweinbahn 52
– Moselwein-Festival 53
– motorbootrace 53
– Romantik Jugendstilhotel Bellevue 47, 49
– stadswandeling 47
– toeristenbureau 53
– vervoer 53
– Villa Hüsgen 47
– Villa Nollen 47
– Wein-Nachts-Markt 53
Traumpfade (Moselsteig) 90
trein 108, 113
Treis-Karden 28
– Lenus Marspad 29
– Martberg 29
– St. Castor 29
– Stiftsmuseum 29
– Zehnthaus 29
Treveris-Thermen 112

Register

Trier 4, 6, 8, 9, 11, 71, 72
- Altstadtfest 81
- amfitheater 72, 73
- Barbarathermen 72, 73
- boottocht 80
- carnaval 81
- Dom St. Peter 7, 72, 73
- Igeler Säule 73
- Kaiserthermen 71, 72, 73
- Karl-Marx-Haus 7, 76
- Konstantinbasilika 6, 73
- Liebfrauenkirche 73
- Museum am Dom 75
- Petrisberg 72
- Porta Nigra 6, 72, 73
- Rheinisches Landesmuseum 74
- Römerbrücke 73
- Stadtmuseum Simeonstift 73
- Thermen am Viehmarkt 72
- toeristenbureau 80
- vervoer 80
- Weihnachtsmarkt 81
- Weinhaus 79
- Werelderfgoed UNESCO 73
Trittenheim 5, 68
Turner, William 5

U
Ürzig 54

V
vakantieparken 110
vakantiewoningen 109
veerboot 113
veiligheid 113
vervoer 113
viez 10, 88
villa rustica Borg 88
Villeroy & Boch 106
vissen 111
vliegtuig 108
vogelobservatie 111
Vulkaneifel Therme (Bad Bertrich) 41, 112
vulkanisme 36
Vulkanpark 23

W
wandelen 22, 25, 27, 33, 45, 52, 69, 82, 90, 99, 109, 111
watersport 112
Wehlen 63
wellness 109, 112
Werelderfgoed UNESCO 16, 71, 73, 95
wijn 6
wijnboerderij 29, 40, 49, 52, 85, 109
wijnfeesten 109
wijngaardperzik 4, 11
Wild- und Freizeitpark Klotten 36
Wingert-Diplom 46
Winneburg (bij Cochem) 33
Winningen 24
Wochern 91
Wolf 53

Z
Zell 41
Zeller Schwarze Katz 41
Zeltingen-Rachtig 55
Zuidelijke Wijn-Moezel 81
zwemmen 29, 33, 52, 112

Paklijst

> DATUM	> AANTAL DAGEN	> HET WEER
....	....	WARM KOUD NAT

> BASISUITRUSTING
- ANWB EXTRA
- PASPOORT/ID-KAART
- TICKETS & VISUM
- RIJBEWIJS
- BANKPASSEN
- MEDICIJNEN
- VERZEKERINGEN
- HOTELADRES

C CHECK

> TOILETARTIKELEN

> KLEDING

> DIVERSEN

> ELEKTRONICA

Mijn tripplanner

DAG 1

Blz	MUST SEE ....
Blz	....
Blz	....
Blz	....
Blz	....
Blz	....
Blz	ETEN EN DRINKEN ....
Blz	....

DAG 2

Blz	MUST SEE ....
Blz	....
Blz	....
Blz	....
Blz	....
Blz	....
Blz	ETEN EN DRINKEN ....
Blz	....

DAG 3

Blz	MUST SEE ....
Blz	....
Blz	....
Blz	....
Blz	....
Blz	....
Blz	ETEN EN DRINKEN ....
Blz	....

DAG 4

Blz	MUST SEE ....
Blz	....
Blz	....
Blz	....
Blz	....
Blz	....
Blz	ETEN EN DRINKEN ....
Blz	....

Notities

MUST SEE .... Blz ......
.... Blz ......
.... Blz ......
.... Blz ......
.... Blz ......
.... Blz ......
ETEN EN DRINKEN .... Blz ......
.... Blz ......

DAG 5

MUST SEE .... Blz ......
.... Blz ......
.... Blz ......
.... Blz ......
.... Blz ......
.... Blz ......
ETEN EN DRINKEN .... Blz ......
.... Blz ......

DAG 6

MUST SEE .... Blz ......
.... Blz ......
.... Blz ......
.... Blz ......
.... Blz ......
.... Blz ......
ETEN EN DRINKEN .... Blz ......
.... Blz ......

DAG 7

.... Blz ......
.... Blz ......
.... Blz ......
.... Blz ......
.... Blz ......
.... Blz ......
.... Blz ......
.... Blz ......

E EXTRA

Notities

Notities

T TIPS

Favoriete plekken – **review**

> OVERNACHTEN

ACCOMMODATIE ▶ ....
ADRES/BLADZIJDE ....
PRIJS   ○ €   ○ €€   ○ €€€
NOTITIE   ....
                  ....

> ETEN EN DRINKEN

RESTAURANT ▶ ....
ADRES/BLADZIJDE ....
PRIJS   ○ €   ○ €€   ○ €€€   CIJFER
VOORGERECHT   .... ○
HOOFDGERECHT   .... ○
NAGERECHT   .... ○
NOTITIE   ....
                  ....

RESTAURANT ▶ ....
ADRES/BLADZIJDE ....
PRIJS   ○ €   ○ €€   ○ €€€   CIJFER
VOORGERECHT   .... ○
HOOFDGERECHT   .... ○
NAGERECHT   .... ○
NOTITIE   ....
                  ....

RESTAURANT ▶ ....
ADRES/BLADZIJDE ....
PRIJS   ○ €   ○ €€   ○ €€€   CIJFER
VOORGERECHT   .... ○
HOOFDGERECHT   .... ○
NAGERECHT   .... ○
NOTITIE   ....
                  ....
                  ....

Notities

> WINKELEN

WINKEL ▶ ....
ADRES/BLADZIJDE ....
NOTITIE ....
....

WINKEL ▶ ....
ADRES/BLADZIJDE ....
NOTITIE ....
....

> UITGAAN

GELEGENHEID ▶ ....
ADRES/BLADZIJDE ....
NOTITIE ....
....

GELEGENHEID ▶ ....
ADRES/BLADZIJDE ....
NOTITIE ....
....

> EXTRA

EXTRA ▶ ....
ADRES/BLADZIJDE ....
NOTITIE ....
....

EXTRA ▶ ....
ADRES/BLADZIJDE ....
NOTITIE ....
....

EXTRA ▶ ....
ADRES/BLADZIJDE ....
NOTITIE ....
....
....

Fotoverantwoording

Manuel Andrack, Köln: blz. 128/7
Erlebnis Akademie AG/boomtoppenpad Saarschleife: blz. 104
Elke Götz, Beilstein: blz. 38, 39
Getty Images, München: uitneembare kaart, omslag (Carmona); blz. 128/8 (Hangst); 17 (Look/Merz); 24 (Look/Wohner); 79, 100 (Lonely Planet Images/Snijders); 73 (Lonely Planet Images/Winz); 4 boven (PB Archive/Bischoff); 102 (Photodisc/Merten); 8/9 (Stone/Stadler); 86/87 (The Image Bank/Merten)
Glow Images, München: blz. 82 (imagebroker/Boensch); 92 (imagebroker/Bahnmüller); 83 (imagebroker/Vollmer)
Huber-Images, Garmisch-Partenkirchen: blz. 44/45 (Merten)
iStock.com, Calgary (Kanada): blz. 4 onder (ClausAlwinVogel); 70/71 (GeorgHanf); 33 (softdelusion); 11 (YelenaYemchuk); 42 (8vFanI)
Laif, Köln: blz. 89 (Jonkmanns); 40, 49 (Zahn)
Look, München: blz. 128/4 (Selbach)
Mauritius Images, Mittenwald: blz. 77 (age fotostock/Rohrschneider); 47 (age fotostock/Ubach); 23 (Bäck); 78, 80 (Bernhart); 53 (Gierth); 27 (imagebroker/Falkenstein); 128/2 (imagebroker/Frey); 28 (imagebroker/mrp); achterflap (mauritius history)
picture-alliance, Frankfurt a. M.: blz. 58 (akg/Bildarchiv Steffens); voorflap, 69 (blickwinkel/Maehrmann); 85 (chromorange/Türk); 84 (dpa/Baum); 106 (dpa/Dietze); 128/6 (dpa/Dornberger); 19, 34, 35 (dpa/Frey); 67, 128/1 (dpa/Tittel); 50 (von Erichsen); 7, 91 (Westend61/Pacek)
Schapowalow, Hamburg: blz. 14/15 (Fantuz); 55, 62 (Luca Da Ros); 60 (Rellini); 94 (Schmid)
Reinhard Tiburzy, Aachen: blz. 99
Nicole Sperk, Bad Dürkheim: blz. 65
Wikimedia Commons: blz. 128/3 (CC-PD); 128/5 (CC BY-SA 3.0/Mühlhoff, Herget); 128/9 (CC-PD/Vzb83)
Tekening blz. 3: Gerald Konopik, Fürstenfeldbruck
Tekening blz. 5: Antonia Selzer, Stuttgart

Colofon

Hulp gevraagd!
De informatie in deze reisgids is aan verandering onderhevig. Het kan dus wel eens gebeuren dat je ter plaatse een andere situatie aantreft dan de auteur.
Is de tekst niet meer helemaal correct, laat ons dat dan even weten.

Ons adres is:
Uitgeverij ANWB
Redactie KBG
Postbus 93200
2509 BA Den Haag
anwbmedia@anwb.nl

Productie: Uitgeverij ANWB
Coördinatie: Els Andriesse
Tekst: Nicole Sperk
Vertaling: Pieter Streutker
Eindredactie: Wiljan Broeders
Opmaak omslag: Atelier van Wageningen
Opmaak: Hubert Bredt
Opmaak notitiepagina's: Studio 026
Concept: DuMont Reiseverlag
Grafisch concept: Eggers+Diaper
Cartografie: DuMont Reisekartografie
© 2018 DuMont Reiseverlag

© 2019 ANWB bv, Den Haag
Eerste druk
ISBN: 978-90-18-04322-3

Alle rechten voorbehouden
Deze uitgave werd met de meeste zorg samengesteld. De juistheid van de gegevens is mede afhankelijk van informatie die ons werd verstrekt door derden. Indien die informatie onjuistheden blijkt te bevatten, kan de ANWB daarvoor geen aansprakelijkheid aanvaarden.

Herinner je je deze nog?

9 van ca. 500.000 Moselaner

Ninorta Bahno
Deze jonge vrouw kwam als Syrische vluchtelinge naar Trier en werd daar tot wijnkoningin gekozen. Een geslaagdere integratie is haast niet denkbaar.

Stuart Pigott
Deze Britse wijncriticus, die bekendstaat om zijn onconventionele teksten, heeft enkele jaren in Bernkastel-Kues gewoond. Ook in zijn nieuwe woonplaats Berlijn mag hij graag een moezelwijntje drinken.

Ausonius
De reisbeschrijving *Mosella* die deze Romeinse dichter in het jaar 371 maakte, wordt regelmatig aangehaald. Haast hymnisch prijst hij de schoonheid van het rivierlandschap.

Carina Curman
In Nittel runt deze Duitse wijnkoningin uit 2000-2001 samen met haar man Walter een wijnboerderij met toprestaurant, kookschool en gastenverblijf.

Blankvoorn
De blankvoorn, die tot de familie van de karperachtigen behoort, is waarschijnlijk de meest voorkomende vis in de Moezel. Op tal van wijnfeesten is de vis in het zuur ingelegd te koop.

Christoph Engels
Deze opvallende verschijning met zijn knalrode haar fokt in de buurt van zijn woonplaats Kröv struisvogels in een oude kloostermolen. Je vindt hier ook een café en een boerderijwinkel.

Manuel Andrack
Sinds jaar en dag schrijft Andrack over wandelen in Duitsland. Ook aan de Moezel is hij vaak te vinden. Hij is patroon van een wijnberg in Brauneberg.

Malu Dreyer
Met haar man Klaus Jensen, de voormalige burgemeester van Trier, woont deze minister-president van Rheinland-Pfalz in het woonproject Schammatdorf in Trier.

Maria Magdalena Keverich
Sinds 1975 is aan de moeder van componist Ludwig van Beethoven een museum gewijd in haar geboortehuis in Koblenz.